Lindemann Group
PETER SCHIEßL

CorelDRAW 2019

Aufbauband
zu den Schulungsbüchern für
CorelDRAW 2019 und Corel Photo-Paint 2019
sowie CorelDraw Home & Student 2019

Symbole anders angeordnet?
Fenster/Arbeitsbereich/
Standard

ISBN 979-8-610105-62-8
Print on Demand since
09.12.2019 V20210728
Lindemann Group
© Dipl.-Ing. (FH) Peter Schießl
Fortnerstr. 8, 80933 München
www.lindemann-beer.com
www.kamiprint.de
Email: post@kamiprint.de

Inhaltsverzeichnis

1. Einleitung — 7

1.1 Ihre Kenntnisse 7
1.2 Über diesen Band 8
1.3 Hinweise zum Design 8
1.4 Design entwickeln 10
1.5 Über die CorelDRAW-Vorlagen 10

KURVEN 11
Kurvenbearbeitung, Objekte zeichnen, Gruppieren und Kombinieren... 11

2. Gefüllte Objekte — 13

2.1 Zu Kurvenlinien 13
2.2 Die Figur 14
    2.2.1 Die Füllung 14
    2.2.2 Der Mund und die Augen 15
    2.2.3 Abschließend gruppieren 15
2.3 Die Kontur 16
2.4 Der Text 16

3. Hintergrund und Schatten — 17

3.1 Ein Auge 17
3.2 Das Gitter einrichten 20
3.3 Text ergänzen - Hilfslinien zum Anordnen 21
3.4 Hintergrund 21
3.5 Rechtecke, Anordnung, Transparenz 22
3.6 Sonderzeichen für den Text 24
    3.6.1 Die Linie formatieren 25
    3.6.2 Eine Form 25

4. Gruppieren und Kombinieren — 27

4.1 Ein Hochhaus mit Fenstern 27
4.2 Ein U-Bahn-Tunnel 29
4.3 Die U-Bahn 29
    4.3.1 Die räumliche Erweiterung 30
4.4 Text und Drehen 31
4.5 Der Hintergrund 32
4.6 Text und Schatten 32

5. Ansicht und Objekte — 33

5.1 Der Ansicht-Manager 33
5.2 Der Objekt-Manager 34

TEXT 35
Text und Druck, Objekte umformen... 35

6. Ein Veranstaltungsplakat — 37

6.1 Text im Corel 37
6.2 Ein Rahmen 38
6.3 Text als Kopie 39
6.4 Voreinstellungen ändern 39

6.5 Transparenzbereich mit Verschmelzen 40

6.6 Formen: Schnittmenge, Zuschneiden.. 40

6.7 Aufhellen 41

6.8 Die Linse... 41

6.9 Eine Aufzählung 43

      6.9.1 In Mengentext umwandeln 43

7. Ein Firmenlogo – Umzeichnen   45

7.1 Farben und Voreinstellungen 46

7.2 Textentwürfe 46

7.3 Hintergrund variieren 47

7.4 Text zuschneiden 47

7.5 Text umzeichnen 48

7.6 ClipArts umzeichnen 48

7.7 Foto bearbeiten 49

7.8 Unterschneidung 50

7.9 Stücke wegbrechen 51

7.10 Exportieren 51

7.11 Logos scannen 52

8. Titel entwerfen   53

8.1 Eigene Vorlage.. 53

8.2 Text bündig ausrichten.. 54

8.3 Objekte verändern - Propeller.. 55

8.4 Spezialeffekte 56

      8.4.1 Text mit Schatten 57

      8.4.2 Farben übergehen lassen 57

STILE 59

Mengentext, Textfluss und Stile 59

9. Mengentext und Stile   61

9.1 Mengentext... 61

9.2 Textrahmen fortsetzen... 62

9.3 Stile.. 62

9.4 Neuer Stil 63

9.5 Stil zuweisen 64

9.6 Stil ändern 64

9.7 Standardobjekteigenschaften 64

9.8 Silbentrennung 65

10. Textfluss um Bilder   67

10.1 Bilderquellen 67

10.2 Bilder suchen 68

10.3 Bild als Hintergrund... 69

      10.3.1 Als Wasserzeichen 70

10.4 Textfluss um Grafik 70

      10.4.1 Zum Einfügen 70

      10.4.2 Bildgröße und Lage.. 70

      10.4.3 Textfluss aktivieren 71

10.5 Mengentext drehen 72

      10.5.1 Die Absenderadresse mit Linien....................................... 73

10.5.2 Platzhalter für die Briefmarke 74
10.5.3 Die Ausschneidemarkierung 74

DRUCK *75*
Druck und Drucker, Verfahren, Einstellungen, Exportieren, Internet 75

11. Über die Druckmöglichkeiten — 77
11.1 PC-Drucker.. 77
11.2 Offset-Druck 78
    11.2.1 Über den Farbdruck 78
11.3 Digitaler Druck und Papierdruck 78
11.4 Voreinstellungen zum Drucken................................ 79
    11.4.1 Bildauflösung... 79

12. Einstellungen beim Drucken — 81
12.1 Karteikarte Allgemein.. 81
12.2 Layout und Druckvorschau 82
12.3 Druckvorstufe, Farbe und Auszüge 83
    12.3.1 Karteikarte Druckvorstufe 84
12.4 Karteikarte Probleme.. 85
12.5 Druckstil speichern 85

13. Exportieren, HTML, PDF — 87
13.1 Transport zur Druckerei 87
13.2 Dokument-Info 88
13.3 Exportieren 88
    13.3.1 In andere Formate 88
    13.3.2 Als PDF für den Adobe Acrobat Reader 88
13.4 Andere Exportmöglichkeiten 89
13.5 Seitensortierung 90

14. Webelemente mit Corel — 91
14.1 Übersicht 91
14.2 Übung HTML-Umwandlung..................................... 92
    14.2.1 Datei/Exportieren für/Web 92
    14.2.2 Ausgabeformat wählen 93
14.3 Übung Webseite 93
    14.3.1 Text mit Aufzählungszeichen 94
14.4 Hyperlinks einbauen 95
    14.4.1 Übung Interner Hyperlink 96
14.5 Rollover erstellen 97
14.6 Arbeitsteilung fürs Web 98

EFFEKTE *99*
Spezielle Corel-Effekte, Skripts, Foto-Effekte 99

15. Weitere Corel-Effekte — 101
15.1 PowerClip 101
15.2 Überblenden.. 102
    15.2.1 Überblendung zuweisen............................... 102
    15.2.2 Farben für die Überblendung 102
    15.2.3 Überblendung drehen 103
    15.2.4 Beschleunigung 103

15.2.5 Neuer Anfang, neue Strecke 104

15.3 Verzerren 104

15.4 Blockschatten 105

15.5 Radieren und Zerschneiden 106

16. Extrudieren und Kopieren — 107

16.1 Interaktives Extrudieren 107

16.2 Mit der Eigenschaftsleiste einstellen 107

16.3 Fluchtpunkt-Optionen 108

16.4 Abschlussübung Extrudieren 108

16.5 Eigenschaften oder Effekte kopieren 109

16.6 Übung Extrusion klonen 110

16.7 Hülle erstellen oder kopieren 110

16.8 Effekte löschen 110

FOTOS 111
Mit Fotos arbeiten, Film, Bildsprühdose, Wasserzeichen 111

17. Fotos freistellen — 113

17.1 Wiederholung Grundlagen für Fotos 113

17.2 Fotos in den PC 114

17.3 Foto freistellen 115

17.4 Ins CorelDRAW übernehmen 116

18. Photo-Paint spezial — 119

18.1 Einen Film erstellen 119

   18.1.1 Über die Komprimierung bei Videos 121

18.2 Mehr über Bildsprühdosen 121

   18.2.1 Eigene Bildsprühdose erstellen 121

   18.2.2 Problem Hilfslinien-Koordinaten im Photo-Paint 122

   18.2.3 Bildsprühdose laden 123

18.3 Noch mehr Füllungen 125

   18.3.1 Füllungen finden 125

   18.3.2 Füllungen selbst erstellen 125

   18.3.3 Füllungen laden 125

   18.3.4 Rahmen 126

18.4 Ein Wasserzeichen 126

18.5 PhotoCocktail 127

18.6 Pointilizer 127

18.7 Bitmap vergrößern 127

19. Zum Schluss — 129

19.1 Voreinstellungen ändern 129

19.2 Die Optionen 130

19.3 Neue Symbole oder Shortcuts vergeben 130

   19.3.1 Tastaturabkürzungen 131

   19.3.2 Symbole ändern 131

19.4 Farben kalibrieren 131

19.5 In die Cloud speichern 132

19.6 Wesentliche Neuerungen der Versionen 132

20. Stichwortverzeichnis — 133

1. Einleitung

In den Büchern zu **CorelDRAW** und **Corel Photo-Paint** wurden beide Programme systematisch und mit vielen Übungen von Anfang an vorgestellt. In diesem Band werden wir uns anhand professionellerer Übungen mit einigen erweiterten Funktionen, die nicht nur für professionelle Nutzer interessant sind, beschäftigen. Darum zuerst ein kurzer Überblick, was Sie bereits können sollten.

1.1 Ihre Kenntnisse

Allgemeine Kenntnisse:

- ◆ Zum Arbeiten mit dem PC unerlässlich sind Windows-Kenntnisse wie die **Fenstertechnik** (mehrere Programme öffnen, wechseln, Fenster in der Größe ändern oder verschieben) sowie

- ◆ die Organisation der eigenen Arbeiten in **Ordnern**, damit auch bei vielen Dateien noch der Überblick gewahrt bleibt und wie eine

- ◆ **Datensicherung** durchgeführt werden kann, optimal z.B. mittels DVD-Brenner.

In CorelDRAW sollten Sie:

- ◆ **Objekte** zeichnen (auch präzise mit Hilfslinien und Gitter), umformen, kopieren und deren Farbe ändern können,

- ◆ mit den vielen **Füllungsmöglichkeiten** vertraut sein und

- ◆ grundlegende **Effekte** wie Extrudieren oder Buchstaben verschieben oder Perspektive beherrschen.

- ◆ Auch fortgeschrittene Zeichentechniken wie die **Kurvenbearbeitung** mit dem Form-Werkzeug sowie **Gruppieren** und **Kombinieren** wurden bereits in dem ersten Band ausführlich erläutert.

Im Buch zu Corel Photo-Paint wurde bereits folgendes vorgestellt:

- ◆ Die Funktionen zum **Malen** in Photo-Paint (Rechteck, Ellipse, Vieleck, Spirale, Pinsel, Linie,

- ◆ dabei auch die Problematik, ob Sie etwas als **Objekt** zeichnen oder direkt auf den Hintergrund,

- deren **Einstellmöglichkeiten** in der **Eigenschaftsleiste** und die Farbauswahl einschließlich der Farbpaletten,

- wie **Objekte** mittels einer **Maske** ausgeschnitten und in andere Fotos oder andere Dateien, z.B. einen Monatsbericht oder eine Werbeanzeige, eingefügt werden können,

- und einige der zahlreichen **Effekte** sowie die grundsätzliche Anwendung der Effekte, z.B. dass mit einer Maske Effekte nur auf diesen maskierten Bereich angewendet werden.

Wenn Sie diese Grundlagen anhand der ersten beiden Bände erlernt haben, werden Sie mehr Spaß mit den Corel-Programmen und diesem Aufbauband haben, da hier diese Grundlagen nur kurz gestreift werden können.

1.2 Über diesen Band

In diesem Band werden die Grundtechniken vorausgesetzt, um hier die **professionelle Anwendung** üben zu können. Dabei werden wie bei einem echten Projekt Fotos vorbereitet, in eine CorelDRAW-Zeichnung eingefügt und mit einem passenden Hintergrund, Text und Effekten versehen.

Ergänzend folgen Hinweise und Tipps zur professionellen Gestaltung und Vorbereitung für Druckaufträge.

1.3 Hinweise zum Design

Für ein gelungenes Design sollten Sie ein paar Grundregeln berücksichtigen.

Zu den Empfängern Ihrer Botschaft:

- Ein gelungenes Design orientiert sich an der **Zielgruppe**, nicht an dem Geschmack des Designers, wenn Sie Erfolg mit Ihrer Werbung haben möchten oder wollen, dass Ihre Botschaft angenommen wird.

Was möchten Sie erreichen?

- Werbung, Firmenlogos, Produktaufkleber … haben auf der Sympathie-Welle den besten Erfolg, **positive Emotionen** reizen zum Kauf, am besten verkauft sich natürlich mit erotischen Motiven.

  - Je nach **Kulturkreis** gibt es Symbole, Farben, Zahlen, Tiere usw., die mit positiven oder negativen Emotionen besetzt sind.

  - In dem europäischen Kulturkreis ist z.B. die Schlange negativ besetzt und eignet sich damit schlecht für Werbebotschaften, ebenso sollte die Zahl dreizehn vermieden werden.

  - Bei Projekten für andere Kulturkreise ist dementsprechend fundiertes Hintergrundwissen erforderlich. ˙

> Vermeiden Sie Bilder von negativ besetzten Motiven, auch wenn Sie z.B. Spinnen mögen, und achten Sie, dass die Gestaltung zu dem Thema und der Zielgruppe passt (Spinnen z.B. passen durchaus zu Halloween). Werbeprofis führen hierfür umfangreiche und kostenintensive Marktforschungen durch.

LINDEMANN GROUP © DIPL.-ING. (FH) PETER SCHIEßL

Zur Farbgestaltung:

- ◆ überlegen Sie sich, welche Farbe zu Ihrem Projekt passt.
  - ↪ Oft ist die Farbe durch das Produkt oder das **Thema** bereits umrissen, z.B. passt königsblau, braun oder gold zu Kaffee oder weiß, grün und blau zu Milch, da letztere Farben den Eindruck sauber und frisch vermitteln - rosa oder lila wäre für beides ungeeignet.

- ◆ Farben haben **psychologische** Wirkungen.
  - ↪ Als Beispiel: stellen Sie sich einmal eine pinkfarbene oder schwarze Milchtüte vor. Bei dunkler Schokolade ist eine schwarze Packung dagegen kein Problem.

- ◆ Es wirkt sehr ästhetisch, wenn ein **Farbgrundton** vorherrscht. Beachten Sie Produktaufkleber oder Plakate.
  - ↪ Sehr gut ist auch immer ein **Farbwechsel**, z.B. unten braun mit goldener Schrift, oben goldfarbig mit brauner Schrift.

Zur Schrift:

- ◆ verwenden Sie nicht zu viele unterschiedliche Schriften. Das verwirrt und schädigt das Design.
  - ↪ Sachliche, gerade Schriften für normale Projekte, ausgefranste oder poppige z.B. für ein Musikfestival. Überlegen Sie sich, welche Schrift zu Ihrem Projekt passt.

- ◆ Die wesentliche Botschaft sollte in Form einer **Überschrift** sofort und mühelos erkennbar sein.
  - ↪ Ist das Interesse geweckt, können weitere **Informationen** daher verhältnismäßig klein untergebracht werden.

- ◆ Lieber für die notwendigen Informationen eine kleine Schrift, dafür mit erkennbaren Absätzen und **gut strukturiert**.
  - ↪ Die Struktur in Form von **Absätzen** und dem Aufbau (hier Überschrift mit Thema, dort Informationen, dann Adresse…) sollte leicht zu erfassen sein, denn selbst bei der poppigsten und grellsten Werbung sind die Leser selten bereit, mühevoll den Ideen des Designers zu folgen, wenn der Aufbau nicht auf einen Blick zu erfassen ist.

Das Medium:

- ◆ bevor Sie beginnen, sollten Sie sich im Klaren sein, auf welchem Medium Ihre Arbeit veröffentlicht wird.
  - ↪ Das Design für eine **Internet-Seite**, die am Bildschirm betrachtet wird, erfordert natürlich einen anderen Aufbau und eine andere Qualität der verwendeten Bilder als ein Plakat, dass in einer **Druckerei** perfekt auf Hochglanzpapier gedruckt wird.
  - ↪ Nicht unwesentlich ist hierbei auch die physikalische Größe, meist das **Papierformat**, welches die Gestaltungsmöglichkeiten weitgehend einschränkt.

Das waren ein paar einfache Gestaltungsregeln, die bis auf bewusste Ausnahmen beherzigt werden sollten.

1.4 Design entwickeln

Neue Objekte entwickeln sich durch Ausprobieren und Experimentieren. Darum ist es sinnvoll, verschiedene **Entwürfe** durchzuspielen.

- ◆ Sie können entweder die Elemente im Seitenrand ablegen und dann in die Zeichnung ziehen und so z.B. verschiedene Objekte und Hintergründe am Bildschirm testen oder
- ◆ verschiedene Entwürfe als separate Dateien abspeichern, z.B. ein Projekt mit verschiedenen Hintergründen (Arbeit-Füllung lila, Arbeit-Farbverlaufsfüllung usw.): ausdrucken, anschauen, besprechen und sich dann entscheiden.
- ◆ Schränken Sie sich nicht von vornherein ein. Zuerst ohne Vorbehalte viele Varianten ausprobieren, danach eine Richtung auswählen.
- ◆ Begutachten Sie professionelle Vorlagen, z.B. Werbeprospekte, Produktaufkleber, Zeitschriften und versuchen Sie, Ihre Projekte mit ähnlicher Qualität zu erstellen.
- ◆ Wichtig für professionelles Design sind folgende Aspekte:
  - ★ **Präzise Ausführung**, z.B. perfekt ausgerichtet mit Raster und Hilfslinien, exakt freigestellte Objekte ohne Ränder.
  - ★ Zum Thema **passende Farbwahl**, harmonisierende Farben,
  - ★ Zum Thema **passende Objekte und Fotos**,
  - ★ **Gute Strukturierung**, übersichtliches Design, hier ist Beschränkung besser, als eine Zeichnung mit den vielen faszinierenden Möglichkeiten, die Corel bietet, zu überfluten.

Der Vorteil des Computers. Einmal gezeichnetes kann beliebig oft kopiert und verwendet werden, viele Entwürfe und Varianten lassen sich somit relativ einfach erstellen.

1.5 Über die CorelDRAW-Vorlagen

Im Corel können Sie mit **Neu aus Vorlage** aus dem Willkommen-Fenster oder mit dem Befehl **Datei/Neu aus Vorlage** vorgefertigte Vorlagen laden, z.B. für ein Geschäftspapier, ein CD-Cover, eine Webseite, das Titelblatt eines Heftes oder eine Faltkarte.

Inzwischen sind viele interessante Vorlagen vorhanden:

- ◆ Sie finden zahlreiche Vorlagen zu verschiedenen Themen in Ordner einsortiert, z.B. für Visitenkarten, Prospekte, Werbekarten, Poster usw.
- ◆ Einige Vorlagen sind zwar mit Zoll-Maßen erstellt, doch das lässt sich bei Layout/Seite einrichten ändern, oft sind Vorlagen auch mit Zoll- und mm vorhanden.
- ◆ Wenn Sie eine Vorlage verwenden, können Sie diese beliebig anpassen, etwa mit einem anderen Hintergrund.

Bei der Home & Student Ausgabe sind einige Vorlagen nicht verfügbar.

Erster Teil

Kurven

Kurvenbearbeitung, Objekte zeichnen, Gruppieren und Kombinieren

---

Auch CorelDRAW-Grundlagen werden zum Teil wiederholt, jedoch im Hinblick auf professionellere Anwendung. Deren Funktionsweise wurde in dem ersten Band zu CorelDRAW ausführlich und umfassend beschrieben und wird hier nur kurz als Erinnerungshilfe angegeben.

Allgemeine Shortcuts:

[F1]	Hilfe
[Strg]-z	Rückgängig
[Strg]-p	Drucken
[Strg]-x	Ausschneiden
[Strg]-c	Kopieren
[Strg]-v	Einfügen

CorelDRAW-Shortcuts:

[Strg]-y	An Gitter ausrichten
[Alt]-z	An Objekten ausrichten
[Strg]-a	Alles markieren
[Strg]-d	Duplizieren (=Kopieren).
[Strg]-g	Gruppieren

[Strg]-u	Gruppierung aufheben
[Strg]-l	Kombinieren

Für Text:

[Strg]-t	Text formatieren.
[Strg]-[Um-schalt]-t	Text bearbeiten in einem Editor-Fenster.
[Strg]-F5	Andock-Fenster Stile
[Strg]-F11	Zeichen einfügen

Ansicht einstellen:

[Strg]-[F2]	Ansichts-Manager
[F2]	Zoom-Linse
[F3]	Ansicht verkleinern
[F4]	Zoom auf alle Objekte
[F9]	Ganzseitenvorschau, zurück mit [Esc]

Symbole anders angeordnet? Fenster-Arbeitsbereich-Standard

2. Gefüllte Objekte

Wir beginnen mit einer kleinen Übung zum Aufwärmen, sozusagen eine Wiederholung der Kurvenbearbeitung.

2.1 Zu Kurvenlinien

➢ **Seitenformat** ca. 120x80 cm.

➢ Damit die gelbe und grüne Füllung möglich ist, brauchen wir **zwei geschlossene Figuren** (geschlossene Randlinien).

    ✍ Die Zwischenlinie daher zweimal zeichnen oder kopieren.

    ✍ Das wird Schritt für Schritt im Folgenden erläutert.

Kurvenlinie mit dem Form-Werkzeug anpassen.

"Männchen" nach dem Zeichnen kombinieren.

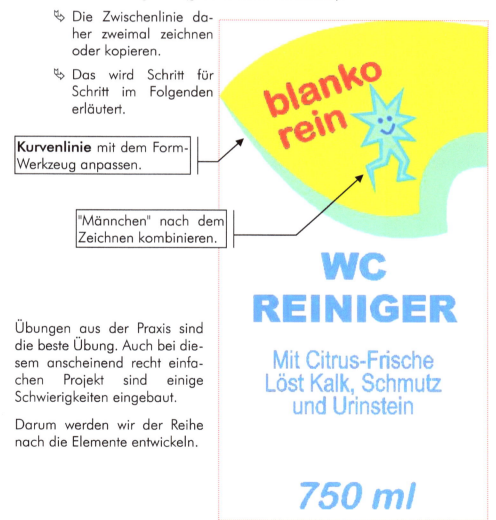

Übungen aus der Praxis sind die beste Übung. Auch bei diesem anscheinend recht einfachen Projekt sind einige Schwierigkeiten eingebaut.

Darum werden wir der Reihe nach die Elemente entwickeln.

2.2 Die Figur

Bei der Figur ist folgendes wichtig. Da wir Freihand zeichnen, sollte das Gitter ausgeschaltet sein.

➢ Zuerst mit dem **Linienwerkzeug** den Umriss zeichnen, dabei am Anfangs- und Endpunkt einmal, bei jedem Wendepunkt zum Weiterzeichnen **doppelklicken**.

➢ Oder ohne Doppelklicken mit Polylinien (im Linien-Flyout, dann mit Klicken auf den Anfangspunkt abschließen).

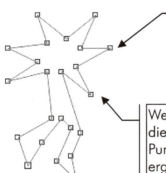

> Die Form muss nicht auf Anhieb passen, da Sie jeden **Wendepunkt** bei gewähltem **Form-Werkzeug** mit der Maus verschieben und damit beliebig oft korrigieren können.

> Wenn Sie einmal einen Punkt zu viel gesetzt haben, diesen anklicken und mit **[Entf]** löschen. Neue Punkte können Sie mit Doppelklicken nachträglich ergänzen.

2.2.1 Die Füllung

Wenn fertig, gleich eine Farbe rechts aus der Farbpalette anklicken, um zu sehen, ob sich das Objekt **füllen** lässt.

Wenn es nicht geht, treffen sich die Linien an einem Eck nicht haargenau, so dass zwischen den zwei Endpunkten eine Lücke vorhanden ist. Wir müssen die Endpunkte verbinden, damit außen herum eine **geschlossene Linie** entsteht.

Häufige Ursachen für **offene Endpunkte** sind ein aktiviertes Gitter oder wenn Sie zu langsam doppelklicken, bzw. die Maus dabei bewegen.

➢ Wählen Sie das **Form-Hilfsmittel** und markieren Sie offene Wendepunkte mit einem Markierungsrahmen.

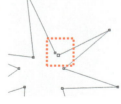

  ✎ Zwei offene Punkte schauen etwas dicker aus, da hier zwei Endpunkte nah beieinander sind.

  ✎ Wenn Sie die offenen Enden nicht erkennen können, stark **vergrößern** oder einfach alle Punkte durchprobieren.

Bei offenen Endpunkten ist in der **Eigenschaftsleiste** das Symbol „**zwei Knoten verbinden**" aktiv.

> Wenn sich die Endpunkte beider Kurven nicht berühren, ist dieses Symbol für **Knoten verbinden** aktiv.

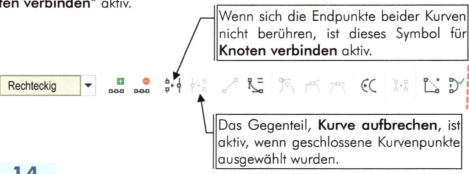

> Das Gegenteil, **Kurve aufbrechen**, ist aktiv, wenn geschlossene Kurvenpunkte ausgewählt wurden.

2.2.2 Der Mund und die Augen

Mund und Augen sind das optimale Demonstrationsobjekt für die Kurvenbearbeitung.

➤ Zeichnen Sie neben der Figur eine **gerade Linie**,

➤ dann diese bei gewähltem **Form-Werkzeug** ungefähr in der Mitte anklicken und in der **Eigenschaftsleiste** zu einer Kurve konvertieren.

➤ Anschließend die Linie in der Mitte nach unten **ausbeulen**.

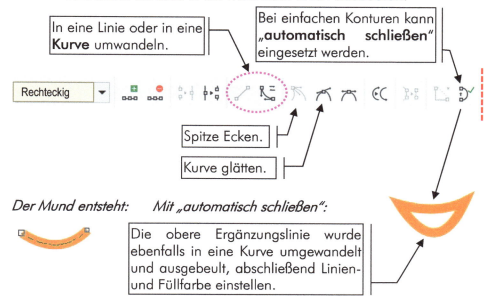

In eine Linie oder in eine **Kurve** umwandeln.

Bei einfachen Konturen kann „automatisch schließen" eingesetzt werden.

Spitze Ecken.

Kurve glätten.

Der Mund entsteht: Mit „automatisch schließen":

Die obere Ergänzungslinie wurde ebenfalls in eine Kurve umgewandelt und ausgebeult, abschließend Linien- und Füllfarbe einstellen.

➤ Die **Augen** in diesem Fall ganz einfach als **Kreise** zeichnen.

Zur Erinnerung:

♦ bei gedrückter **[Strg]-Taste** zeichnen Sie:
einen **Kreis** statt einer Ellipse,
ein **Quadrat** statt einem Rechteck sowie
Linien in 30°-Winkel-Schritten (0°, 30°, 60°, 90° usw.),

♦ bei gedrückter **[Umschalt]-Taste** ist der Anfangspunkt der Mittelpunkt des Objekts.

2.2.3 Abschließend gruppieren

Wenn fertig, sollten aufwendigere Objekte **gruppiert** und somit zu einem Element zusammengefasst werden.

➤ Augen und Mund einpassen, dann noch die Linie und Füllung des Männchens passend einstellen,

[Strg]-g

➤ anschließend alles mit einem größeren **Markierungsrahmen** markieren (oder **[Strg]-a**) und in der **Eigenschaftsleiste** „Gruppieren" anklicken oder den Shortcut **[Strg]-g** benutzen.

15

2.3 Die Kontur

Wir brauchen zwei geschlossene Umriss-
linien, damit wir die Teile verschiedenfarbig füllen können.

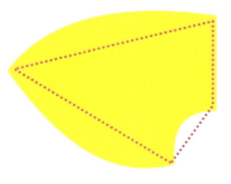

> ➤ Zeichnen Sie eine **Kontur** aus ge-
>   raden Linienstücken entsprechend
>   der rot gestrichelten Linie.

> ➤ Mit dem **Form-Werkzeug** die drei
>   Linien in Kurven umwandeln und
>   passend zu dem gelben Objekt
>   ausbeulen.

Der untere Teil:

> ➤ Zeichnen Sie aus geraden **Linien**
>   die rot gepunktete Figur,

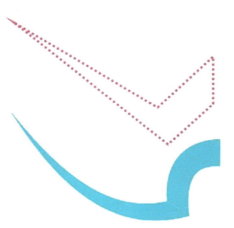

> ➤ auf die zuvor gezeichnete gelbe
>   Form schieben und in der Größe
>   angleichen,

> ➤ dann mit dem **Form-Werkzeug**
>   und einem großen Markierungs-
>   rahmen alle Linien auf einmal in
>   **Kurven** umwandeln und passend
>   ausbeulen.

Zu einem Element verbinden:

> ➤ Beide Hälften wie abgebildet füllen, dann **zusammenschieben** und die
>   Kurven nochmal anpassen.

> ➤ Der **Übergang** muss nicht exakt stimmen, sondern das hellere Element
>   wird ganz einfach **nach hinten** gesetzt, das dunklere überlappt, so dass
>   nur dessen Kurve sichtbar ist (s. auch S. 83 „Überdrucken").

> ↬ Wenn Sie beide Kurven exakt anpassen würden, wäre das nicht nur
>   unnötige Mühe, sondern das Risiko eines winzigen Abstandes wäre
>   auch sehr hoch.

2.4 Der Text

> ➤ Alles Bisherige markieren und gruppieren, dann den Text „blanko rein"
>   schreiben und mit der Maus drehen und einpassen.

> ➤ Den anderen Text absatzweise schreiben, zentriert und mit passender
>   Schriftart und -größe einstellen, dann mit dem Menü „**Objekt/Ausrich-
>   ten und Verteilen**" auf die Seitenmitte zentriert einstellen.

> ↬ Entweder eine Option wählen, z.B. „**Mittelpunkt vertikal auf Seite**"
>   oder

> ↬ das Menü „**Ausrichten und Verteilen**" verwenden, in dem die ge-
>   wünschte Ausrichtungsart eingestellt werden kann.

3. Hintergrund und Schatten

Auch bei dieser Übung werden wir die wichtige und praktische Kurvenbearbeitung zum Teil wiederholen, zum Teil erweitern und mit schönen Füllungen und sinnvollen Effekten ein ästhetisches Gesamtbild schaffen.

3.1 Ein Auge

Wir wollen eine Werbeanzeige für ein Optiker-Geschäft entwerfen, die in einer DIN A4 Zeitung am unteren Blattrand abgedruckt werden soll. Abzüglich des Seitenrands darf die Anzeige 160 breit und 60 mm hoch sein, was wir gleich in der Datei einstellen.

> ➢ Neue Datei mit **160x60 mm** beginnen. Das Seitenformat können Sie in der Eigenschaftsleiste eintragen, sofern kein Objekt markiert ist.

Die perfekte Druckqualität stellt kein Problem dar, da wir keine Fotos, sondern nur gezeichnete Elemente verwenden. Bei einem echten Auftrag empfiehlt es sich, vorher mit der Druckerei, bzw. dem Satzstudio zu sprechen, ob eine Datei im CorelDRAW-Format verarbeitet werden kann.

Fertige ClipArts sind für professionelle Arbeiten aus zwei Gründen meist ungeeignet: erstens finden Sie selten ein genau passendes, zweitens kennen sehr viele diese ClipArts.

Als optischen Aufhänger wollen wir ein Auge zeichnen:

> ➢ Der Standardanfang selbstgezeichneter Elemente: mit dem **Linienwerkzeug** einmal klicken, Maus wegbewegen, Doppelklicken und wieder zum Anfangspunkt zurück, mit einmal klicken abschließen.
>
> ↳ **Zwei Linien** entstehen, die genau übereinander liegen.

> ➢ Beide Linien mit dem **Form-Werkzeug** auswählen (Markierungsrahmen), zu **Kurven** umwandeln und ausbeulen, dann farbig füllen.

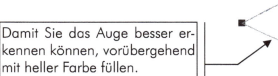

Damit Sie das Auge besser erkennen können, vorübergehend mit heller Farbe füllen.

Jetzt noch zwei Kreise für die Pupille. Damit die beiden Kreise den gleichen Mittelpunkt haben, werden wir nur einen Kreis zeichnen und diesen bei gedrückter **[Umschalt]-Taste** um den Mittelpunkt **vergrößern** und dabei mit der **rechten Maustaste kopieren**, was im ersten CorelDRAW-Band ausführlich geübt wurde.

> ➢ **Einen Kreis** zeichnen, dann einen Anfasserpunkt am Eck anfassen, Größe ändern, kurz die **rechte Maustaste** für **Kopieren** drücken, dann noch **[Umschalt]** gedrückt halten, damit die Größe um den Mittelpunkt geändert wird, und linke Maustaste loslassen.

> ➥ Alles ist ganz einfach, wenn Sie die **linke Maustaste** fest gedrückt halten. Dann können Sie beliebig lange probieren und erst wenn wirklich alles wie gewünscht eingestellt ist, die linke Maustaste loslassen.

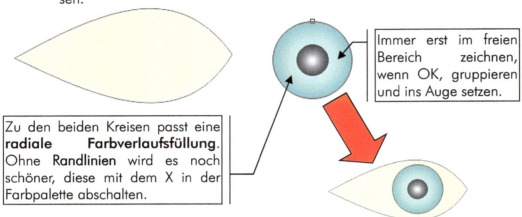

Immer erst im freien Bereich zeichnen, wenn OK, gruppieren und ins Auge setzen.

Zu den beiden Kreisen passt eine **radiale Farbverlaufsfüllung**. Ohne **Randlinien** wird es noch schöner, diese mit dem X in der Farbpalette abschalten.

Die radiale Farbverlaufsfüllung:

> ➢ Mit dem Symbol „**Füllung bearbeiten**" Einstellmenü öffnen, dort oben Farbverlauf wählen und einstellen:

Farbverlauf

Füllung: Name: Unbenannt   +

Überblendungs-Übergang:

Typ:

Füllung umkehren

Fluss

☐ Schritte: 256

Beschleunigung: 0,0

☐ Gla

Änderungen

B: 100,0 %

H: 100,0 %

Farbe:

Augenlieder wären noch schön. Wir könnten diese neu zeichnen, probieren es aber mit einem Trick.

➢ Kopieren Sie das Auge ohne die Pupillen, dann die obere Linie etwas, die untere Linie mit dem Form-Werkzeug stark nach oben ziehen.

1. *Eine Kopie des Auges:*

2. *Mit dem* <u>*Form-Werkzeug*</u> *hochgeklappt und schwarz gefüllt:*

3. *Mit dem* <u>*Auswahlwerkzeug*</u> *und der linken Maus-taste den oberen, mittleren Anfasserpunkt anfassen, nach unten ziehen, unterwegs rechte Maustaste für Kopieren kurz klicken und wir haben ruckzuck zwei genau passende Augenlieder.*

Jetzt können Sie die Elemente zusammenschieben, in der Größe und Form bei starker Vergrößerung mittels der Hebel noch einmal abschließend anpassen, fertig ist das Auge.

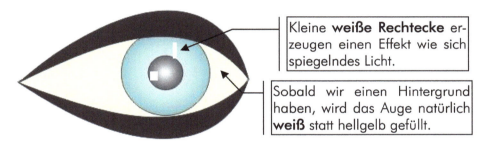

Kleine **weiße Rechtecke** er-zeugen einen Effekt wie sich spiegelndes Licht.

Sobald wir einen Hintergrund haben, wird das Auge natürlich **weiß** statt hellgelb gefüllt.

Im CorelDRAW empfiehlt es sich,

immer mit den kleinen Objekten zu beginnen, den Hintergrund erst am Ende (dieser stört beim Zeichnen).

Notizen: ....
....
....
....
....
....
....
....

19

3.2 Das Gitter einrichten

Jetzt ergänzen wir schon einmal den Text, da dieser weitgehend vorgegeben ist. Die Adresse muss irgendwo untergebracht werden und der Blickfangtext, bzw. Werbeslogan sollte vorher schon erdacht sein.

♦ Bevor Sie den Text schreiben, sollten Sie das **Gitter** auf einen passenden Wert einstellen, bei dieser Zeichnungsgröße z.B. auf **1mm** und ggf. **Hilfslinien** zum Anordnen setzen.

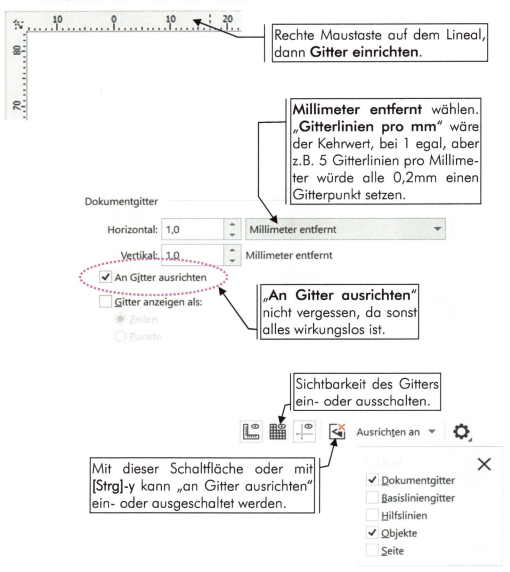

Rechte Maustaste auf dem Lineal, dann **Gitter einrichten**.

Millimeter entfernt wählen. „**Gitterlinien pro mm**" wäre der Kehrwert, bei 1 egal, aber z.B. 5 Gitterlinien pro Millimeter würde alle 0,2mm einen Gitterpunkt setzen.

„**An Gitter ausrichten**" nicht vergessen, da sonst alles wirkungslos ist.

Sichtbarkeit des Gitters ein- oder ausschalten.

Mit dieser Schaltfläche oder mit [Strg]-y kann „an Gitter ausrichten" ein- oder ausgeschaltet werden.

♦ Beachten Sie beim Zeichnen, **ob die Maus zu den Gitterpunkten springt**. An der Koordinatenangabe oben links in der Eigenschaftsleiste kann auch geprüft werden, ob das Gitter aktiviert war.

↳ Für Freihandzeichnen das „Ausrichten am Gitter" abschalten.

Wichtig, weil Objekte auf „krummen" Koordinaten (11,565/77,221) bei perfekter Druckqualität eine Katastrophe sind. Je besser der Druck, umso geringere Ungenauigkeiten werden erkannt!

3.3 Text ergänzen - Hilfslinien zum Anordnen

➢ Wenn das Gitter eingerichtet ist, können Sie aus dem Lineal **Hilfslinien** in die Zeichnung ziehen, damit sich die Texte z.B. links und rechts haargenau ausrichten lassen.

 Ausrichten an ▾

↳ Mit der Schaltfläche „**Ausrichten an**" (s. vorige Seite) oder Ansicht/Ausrichten an/Hilfslinien aktivieren.

↳ Durch **Doppelklicken** auf einer Hilfslinie erscheint ein Einstellmenü, indem Sie z.B. eine Hilfslinie für den linken und rechten Seitenrand exakt eingeben oder verschieben können.

➢ **Schreiben** Sie zusammengehörende Texte als eigene **Absätze**, dann an anderer Stelle klicken und den nächsten Textblock schreiben.

➢ Suchen Sie sich eine **Schriftart** aus. Diese allen Texten zuweisen, dann **Größe anpassen**.

↳ Für eine Überschrift oder einen Blickfangtext kann natürlich auch eine spezielle Schrift verwendet werden, jedoch sollte nicht jeder Textblock in einer anderen Schriftart gestaltet werden.

➢ Die Texte **anordnen** und ggf. mittels der Hilfslinien einpassen.

➢ Zuletzt **Effekte** wie einen **Schatten** oder Sonderzeichen oder einen Hintergrund ergänzen.

Ein Beispieltext, mit Hilfslinien angeordnet:

Mittels der **Hilfslinien** kann jeder Text links und rechts optimal angeordnet werden.

3.4 Hintergrund

Bevor wir mit den Textfarben oder einem Schatten für den Text experimentieren, werden wir den Hintergrund ergänzen, damit wir die Farbzusammenstellung begutachten können.

Für den **Hintergrund** wird üblicherweise ein gefülltes Rechteck über die ganze Seite oder sogar etwas größer gezogen und gefüllt. Wir können jedoch auch zwei oder mehrere Rechtecke verwenden und verschieden füllen, damit mehrere Bereiche entstehen. Oder einem Text ein Rechteck hinterlegen, was wie Text mit einem Rahmen oder einer Schattierung wirkt.

Um die Einteilung zu unterstreichen, bietet sich hier ein Rahmen für die linke Seite mit dem Auge an und ein Rahmen für den rechten Textbereich sowie ein Rahmen unten für die Anschrift.

➢ Ergänzen Sie die **Rahmen** (=Rechtecke), dann deren Linien einstellen und jedem Rechteck eine geeignete **Füllung** zuweisen.

   ↺ Sie werden bemerken, dass sich dank des Gitters die Rechtecke exakt platzieren lassen.

So ungefähr sollte es werden:

Nach hinten gesetzte Rechtecke.

Ein Rechteck hinter dem Text, gefüllt und leicht transparent eingestellt.

Sonderzeichen aus der Schrift **Wingdings**.

Eine waagerechte Linie, zu einem gestrichelten **Pfeil** formatiert.

Die speziellen Einstellungen werden im Folgenden detaillierter erläutert.

3.5 Rechtecke, Anordnung, Transparenz

Wenn Sie ein Rechteck so groß wie die Seite einfügen, können Sie eine Hintergrundfüllung verwenden, mit zwei Rechtecken wie hier können den Hintergrund links und rechts verschieden füllen.

Dieses Prinzip lässt sich beliebig fortsetzen, z.B. weitere Rahmen als Textschattierung. Für die Anwendung wichtig ist, wie Sie Elemente nach vorn oder nach hinten verschieben können.

Zur Anordnung von Elementen:

♦ Das zuletzt gezeichnete Element ist üblicherweise vorne.

♦ Bei **Objekt/Anordnung** sind die Befehle für die Reihenfolge.

   ↺ Hier sehen Sie auch die Shortcuts und können sich einen ggf. für oft benötigte Aktionen einprägen, praktisch z.B. ist [Strg]-Bild **auf/ab** für eins nach vorn/hinten.

[Strg]-[Bild]

♦ Rechts in der Eigenschaftsleiste erscheinen Symbole für **nach vorn/hinten**, sobald mehrere Objekte vorhanden sind:

♦ Mit der **rechten Maustaste** auf einem Element kommen Sie zu dem Menü **Anordnung**, s. nächste Seite.

22

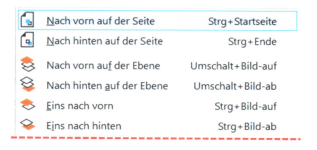

Transparenz und Eckenrundung:

Für die Rechtecke als **Texthintergrund** sind zwei spezielle Einstellungen ideal, zum einen eine Eckenrundung, zum anderen eine leichte **Transparenz**.

♦ Die **Eckenrundung** können Sie in der Eigenschaftsleiste einstellen. Wenn das **Schloss** gedrückt ist, werden alle Ecken gleich gerundet.

♦ Für die **Transparenz** das Symbol auswählen, dann oben in der Eigenschaftsleiste eine gleichmäßige Transparenz vorgeben und mittels dem Schieber eingestellt werden.

Linearer, runder, eckiger oder konischer Transparenzverlauf?

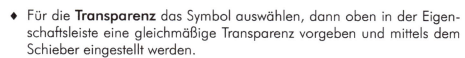

Klicken und mit dem **Schieber** den Grad der Transparenz einstellen oder Wert eintragen.

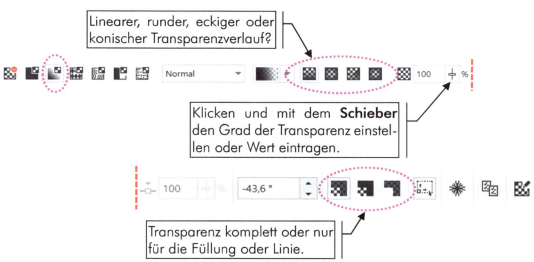

Transparenz komplett oder nur für die Füllung oder Linie.

Die Rechtecke als Hintergrund und Textschattierung im Überblick:

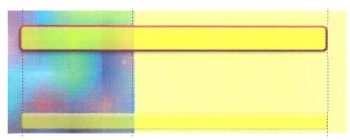

3.6 Sonderzeichen für den Text

Bei dem Text haben wir einige **Sonderzeichen** eingebaut. Im CorelDRAW kommen Sie zu dem Sonderzeichen-Menü mit **Text/Glyphen** oder der Tastaturabkürzung **[Strg]-[F11]**.

[Strg]-[F11]

Jede Schrift beinhaltet mehr Zeichen, als auf der Tastatur dargestellt sind. Spezielle Sonderzeichen-Schriften enthalten gar keine Buchstaben, sondern stattdessen nur kleine Bildchen. Zu diesen Zeichen kommen Sie mit dem Zeichen-Menü.

Zur Bedienung des Menüs:

♦ Weil auf jedem Rechner andere **Sonderzeichen-Schriften** installiert sind, sollten Sie sich einmal Ihre Schriften und die vorhandenen Bilder in diesem Sonderzeichen-Menü in Ruhe anschauen.

♦ Oben bei Schrift die gewünschte Schriftart mit Bildern wählen, z.B. die Schrift **Wingdings**.

    ↳ Die Schrift **Wingdings** für Windows-Dinge ist auf jedem Windows-Rechner vorhanden, ebenso meist Webdings.

    ↳ Weitere Schriften finden Sie, falls vorhanden, auf der **Corel-DVD, im Internet** sowie im **Connect**. Sie sollten jedoch nur wirklich benötigte nachinstallieren, da jede installierte Schrift ständig Arbeitsspeicher beansprucht.

    ↳ Installieren neuer Schriften geht im **Windows Explorer** oder **Connect**, indem Sie die neue Schriftart suchen, dann rechte Maustaste darauf und **installieren** wählen.

Das gewünschte Symbol bekommen Sie folgendermaßen in den Text:

➢ Zuerst mit dem **Textwerkzeug** den Text anwählen und den **Cursor** an die gewünschte Stelle setzen.

➢ Dann auf ein Symbol **doppelklicken**, welches dadurch an der aktuellen Cursorposition in den Text eingefügt wird.

    ↳ Ein Symbol kann auch mit der Maus auf den Text gezogen werden.

✓ Sofort-Mitnahmepreise
✓ Geprüfte Qualität

Optik-Otto ♦ Am Marienplatz ♦ 18765 City ♦ Tel.: 000 / 112233 ♦ Fax: 000 / 112234

♦ Einmal eingefügte Symbole können Sie auch kopieren und dann einfacher an beliebig vielen anderen Textstellen einfügen:

    ↳ **markieren** mit den Richtungstasten bei gedrückter [Umschalt]-Taste oder mit der Maus,

    ↳ **kopieren** mit [Strg]-c und einfügen mit [Strg]-v.

Wenn Sie nachträglich die Schriftart ändern, geht natürlich auch die Symbolschrift verloren. Dann müssten Sie mühselig die Symbole markieren und wieder auf die ursprüngliche Symbolschrift zurückschalten.

3.6.1 Die Linie formatieren

Eine Linie soll die Blickrichtung angeben und den Text unterstreichen. Einige Hinweise zum Zeichnen.

♦ Wenn Sie beim Zeichnen der Linie die **[Strg]-Taste** gedrückt halten, wird diese automatisch waagerecht oder in folgenden Winkeln: 30°, 45°, 60° usw. gezeichnet.

Alle möglichen Einstellungen für Linien finden Sie in dem Linienmenü.

Zu diesem Einstellmenü kommen Sie auf zwei Wegen:

♦ in der **Eigenschaftsleiste**, wenn die Standardoptionen reichen,

♦ oder auf der Linie die **rechte Maustaste** drücken, dann **Eigenschaften** wählen.

☞ Es erscheint ein Andockfenster, in dem die Einstellungen auf einige Karteikarten verteilt sind.

3.6.2 Eine Form

Im CorelDRAW gibt es auch vorgefertigte **Standardformen** wie im MS Office für Sterne, Pfeile, Beschriftungskästchen usw.

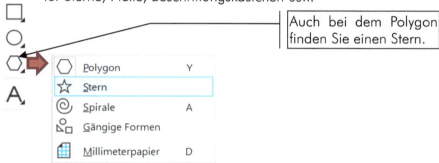

Auch bei dem Polygon finden Sie einen Stern.

♦ In der **Eigenschaftsleiste** kann dann die Form eingestellt werden, z.B. die Anzahl der Ecken, bei den „**Gängigen Formen**" können zahlreiche verschiedene Formen ausgewählt werden:

Die Form in der Größe anpassen, passend farblich füllen und dann den Text davor schreiben.

Um die Größe und Lage mit der Maus frei einstellen zu können, wurde „ab, € und 9,90" als Grafiktext separat geschrieben.

Falls sich das „**ab**" nicht klein schreiben lässt, ist hierfür die **Blitzkorrektur** verantwortlich (ähnlich Autokorrektur im Word).

Bei **Text/Schreibhilfsmittel/Blitzkorrektur** auf jedem Fall „Ersten Buchstaben von Sätzen großschreiben" abschalten oder sogar alle Optionen, da bei den geringen Textmengen die Blitzkorrektur wenig nützt und durch die schlechte Voreinstellung oft schadet und neue Fehler produziert.

4. Gruppieren und Kombinieren

Zeichnungen können beliebig viele Details enthalten und aus Tausenden von Einzelteilen bestehen, wenn diese zu Gruppen zusammengefasst werden. Am besten einzelne Gruppen, z.B. ein Rad, separat zeichnen, gruppieren und dann als ein Element einfügen.

Zur Wiederholung: mit **Gruppieren** können viele einzelne Zeichenteile zu einem Objekt zusammengefasst werden. Mit **Kombinieren** kann der Bereich zwischen einem äußeren und einem inneren Rahmen gefüllt werden.

Ein **gruppiertes** Rad wird zu einem Teil, das damit jederzeit sehr einfach kopiert oder verschoben werden kann.	Hier wurden ein Kreis und ein innen liegendes Rechteck **kombiniert**. Beim Füllen bleibt das Rechteck leer.

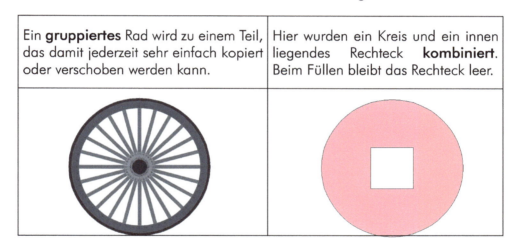

Wir wollen zur Wiederholung und Erweiterung eine Werbeanzeige zeichnen.

4.1 Ein Hochhaus mit Fenstern

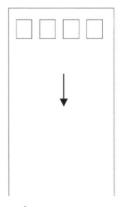

➢ Beginnen Sie eine neue Zeichnung, dann als Seitenformat **DIN A5 quer** einstellen, **Gitter** auf je 1 mm und Hilfslinien für je 10 mm Seitenrand.

➢ Wir wollen ein **Hochhaus** zeichnen. Ein Rechteck für den Umriss, ein weiteres für ein Fenster.

➢ Dieses erste Fenster waagerecht mit der rechten Maustaste mehrfach kopieren, dann die erste Fensterreihe **gruppieren** und auf einmal mehrfach nach unten die Fensterreihen auffüllen.

✎ Mit Hilfe des Gitters oder bei gedrückter [Strg]-Taste kann nur waagerecht oder senkrecht verschoben, bzw. kopiert werden.

➤ Sehr schnell geht es, wenn Sie, sobald z.B. drei Fensterreihen vorhanden sind, alle drei Reihen mit einem Markierungsrahmen markieren und auf einmal weiter nach unten kopieren.

➤ Wenn das erste Hochhaus fertig ist, alle Fenster gruppieren und dann den Hintergrund **farbig** füllen, die Fenster weiß oder hell.

➤ Abschließend alles **gruppieren** und das ganze Hochhaus mehrfach kopieren.

    ↳ Jedes Hochhaus etwas verformen und die Größe ändern.

Ändern trotz Gruppierung:

➤ Natürlich könnten Sie auch die **Gruppierung aufheben** und ein Haus umzeichnen, z.B. Rahmen verbreitern und eine weitere Fensterreihe ergänzen.

    ↳ Bei gedrückter **[Strg]-Taste** können einzelne Elemente trotz Gruppierung gewählt und geändert werden.

    ↳ Das bietet hier an, um die Farbe der Hochhäuser zu ändern, ohne die Gruppierung aufzuheben.

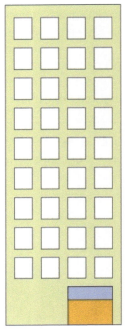

Das vorläufige Zwischenergebnis mit mehreren Hochhäusern. Die nach hinten gesetzten sollten etwas kleiner eingestellt werden, damit der perspektivische Eindruck stimmt.

4.2 Ein U-Bahn-Tunnel

Ergänzen Sie nun noch ein Dreieck und ein Rechteck wie auf der vorigen Seite abgebildet. Das soll ein U-Bahn-Tunnel werden, aus dem wir einen Zug herausfahren lassen werden.

➢ Das **Dreieck** könnten Sie aus den Grundformen bei dem Vieleck-Werkzeug wählen oder mit dem **Linienwerkzeug** und Doppelklicken zum Fortsetzen selbst zeichnen.

➢ Die Tunnelöffnung als Rechteck zeichnen, dann **Objekt/In Kurven konvertieren** wählen, damit dieses verändert werden kann, und mit dem **Form-Werkzeug** die obere Linie mittig anklicken, in eine **Kurve** konvertieren und zu einem Bogen ausbeulen (Siehe S. 15).

➢ Anschließend Tunnel markieren, dann das Dreieck markieren und „**Hinteres ohne Vorderes**", so dass der Tunnel beim Dreieck ausgespart wird.

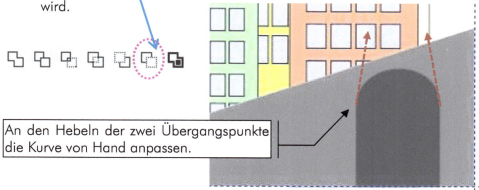

An den Hebeln der zwei Übergangspunkte die Kurve von Hand anpassen.

4.3 Die U-Bahn

Wie die folgende Abbildung veranschaulichen soll, ist die U-Bahn aus ganz einfachen Elementen (Rechtecke, Kreise usw.) zusammengesetzt und abschließend gruppiert. Zuerst natürlich im Rand zeichnen, zusammensetzen, gruppieren und erst fertig in die Tunnelausfahrt setzen.

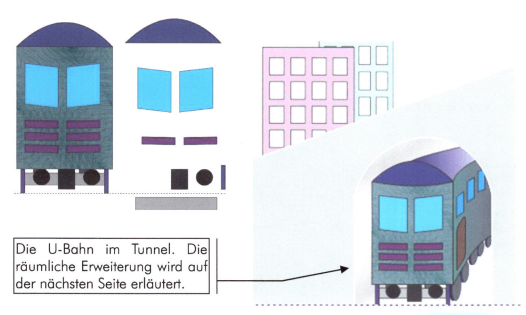

Die U-Bahn im Tunnel. Die räumliche Erweiterung wird auf der nächsten Seite erläutert.

29

4.3.1 Die räumliche Erweiterung

Räumliche Effekte lassen sich oft mit Extrudieren erreichen, jedoch nur bei einfachen Objekten und mit enormem Rechenaufwand, vor allem aber geht damit nicht die leicht gebogene Form. Aus diesem Grund gehen wir hier einen anderen Weg und ergänzen nach hinten kleiner werdende **Erweiterungsstücke**, die leicht gebogen werden, damit es so aussieht, als ob die U-Bahn um die Kurve fährt.

Folgende Teile wurden ergänzt:

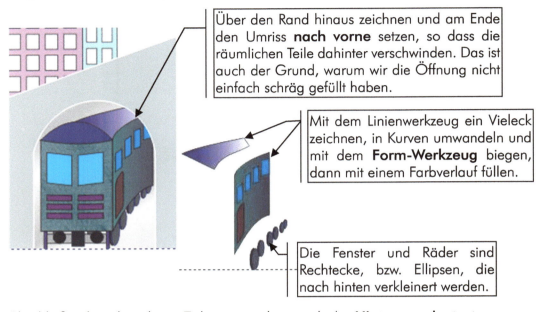

Über den Rand hinaus zeichnen und am Ende den Umriss **nach vorne** setzen, so dass die räumlichen Teile dahinter verschwinden. Das ist auch der Grund, warum wir die Öffnung nicht einfach schräg gefüllt haben.

Mit dem Linienwerkzeug ein Vieleck zeichnen, in Kurven umwandeln und mit dem **Form-Werkzeug** biegen, dann mit einem Farbverlauf füllen.

Die Fenster und Räder sind Rechtecke, bzw. Ellipsen, die nach hinten verkleinert werden.

Abschließend wird noch ein Teil ergänzt, damit sich der **Hintergrund** mit einem **schrägen Farbverlauf** füllen lässt.

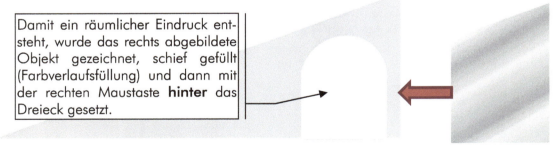

Damit ein räumlicher Eindruck entsteht, wurde das rechts abgebildete Objekt gezeichnet, schief gefüllt (Farbverlaufsfüllung) und dann mit der rechten Maustaste **hinter** das Dreieck gesetzt.

Farbpunkte mit Doppelklicken im Farbbalken setzen:

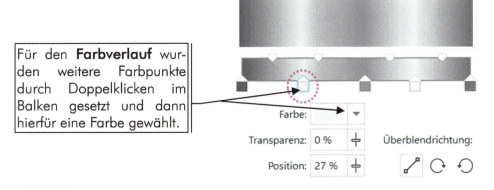

Für den **Farbverlauf** wurden weitere Farbpunkte durch Doppelklicken im Balken gesetzt und dann hierfür eine Farbe gewählt.

Farbe:

Transparenz: 0 %

Position: 27 %

Überblendrichtung:

30

4.4 Text und Drehen

Der Text soll haargenau im gleichen Winkel wie die Schräge verlaufen. Hier im Fortschrittsband werden wir uns nun mit der Problematik befassen, wie ein Winkel reproduzierbar ist.

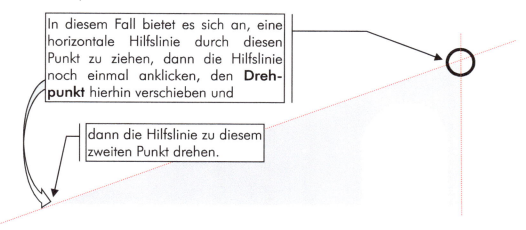

In diesem Fall bietet es sich an, eine horizontale Hilfslinie durch diesen Punkt zu ziehen, dann die Hilfslinie noch einmal anklicken, den **Drehpunkt** hierhin verschieben und

dann die Hilfslinie zu diesem zweiten Punkt drehen.

- ◆ Zur Erinnerung: wenn Sie eine Hilfslinie einmal anklicken, können Sie die Hilfslinie verschieben oder mit [Entf] löschen.

- ◆ Wenn Sie eine Hilfslinie noch einmal anklicken, erscheinen außen die **Drehpfeile** und in der Mitte der **Drehpunkt**, letzteren zuerst zu einem Eck verschieben, dann auf der anderen Seite die Hilfslinie drehen.

- ➢ Nach dem Drehen der Hilfslinie können Sie deren **Winkel** in der Eigenschaftsleiste ablesen. Sie könnten den Winkel dabei auch wieder zu 0° zurücksetzten oder auf einen geraden Wert korrigieren und das Dreieck mit dem Form-Werkzeug entsprechend anpassen.

- ➢ Anschließend beim **Text** in der **Eigenschaftsleiste** oder mittels **Fenster/Andockfenster/Ändern** den gleichen **Drehwinkel** eintragen.

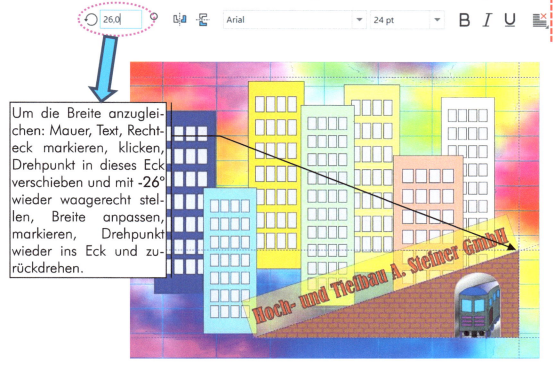

Um die Breite anzugleichen: Mauer, Text, Rechteck markieren, klicken, Drehpunkt in dieses Eck verschieben und mit -26° wieder waagerecht stellen, Breite anpassen, markieren, Drehpunkt wieder ins Eck und zurückdrehen.

31

4.5 Der Hintergrund

Für den Hintergrund wurde ein kleiner Trick angewendet. Zum einen wurde ein Rechteck über die Seite gezogen, nach hinten gesetzt und mit einem Corel Füllmuster versehen. Welches Muster? Hier hilft nur ausprobieren, bzw. die Liste der Füllmuster in einer ruhigen Minute durchzugehen.

Zusätzlich wurde ein Gitter vor diesen Hintergrund gesetzt. Das **Gitter** (Millimeterpapier) finden Sie bei dem **Vieleck-Symbol**, vor dem Zeichnen in der Eigenschaftsleiste die gewünschte Zahl an Linien vorgeben:

4.6 Text und Schatten

Der Text wurde nicht mit einem Schatten versehen, da es eine einfachere Möglichkeit mit meist professionellerem Ergebnis gibt. Zur Erinnerung: mit dem links abgebildeten Symbol aus dem Effekte-Menü könnten Sie einen **hinterlegten Schatten** erzeugen.

> ➢ Wir werden jedoch mit dem Menü **Fenster/Andockfenster/Ändern** eine leicht versetzte Kopie erzeugen.

> ➢ Tragen Sie z.B. je 1 mm bei Position ein, dann mit Kopien = 1 „**Zuweisen**", um eine um diesen Betrag versetzte Kopie erzeugen.

>> ↳ Zur Korrektur, falls der Abstand nicht wie gewünscht passt, rückgängig und geeignetere Koordinaten eintragen. Alternativ kann die Kopie auch schrittweise z.B. um +/-0,1mm verschoben werden, bis die Anordnung optimal ist.

> ➢ Der Kopie oder dem Original eine andere **Farbe** zuweisen, fertig ist der Schatten.

Außerdem wurde ein Rechteck in Textgröße um den gleichen Winkel gedreht, gefüllt und mit dem **Transparenzwerkzeug** gleichmäßig durchschimmernd eingestellt.

Durch dieses Rechteck ist der Text besser lesbar, ohne dass der Hintergrund vollständig ausgeblendet wird.

Oben: hinterlegter Schatten
Unten: Kopie als Schatten.

5. Ansicht und Objekte

Je komplizierter Zeichnungen werden, umso wichtiger ist es, den Überblick zu behalten. Hier gibt es einige Methoden. Eine praktische:

- ◆ Zeichnen Sie Einzelteile in **separaten Zeichnungen** oder am Rand einer großen Zeichnung.
  - ✎ Wenn das Einzelteil fertig gestellt ist, wird dieses **gruppiert** und kann dann als Gruppe leichter in die große Zeichnung integriert werden.
  - ✎ Für spätere Änderungen dieses Teil wieder herausschieben, die Gruppierung aufheben, ändern, gruppieren und zurückschieben.

5.1 Der Ansicht-Manager

- ◆ Im **Ansicht-Manager** können Sie verschiedene vergrößerte Darstellungen abspeichern und damit von Teil X zu Teil Y springen.

Mit **Fenster/Andockfenster/Ansichten** oder der Tastaturabkürzung **[Strg]-F2** können Sie das Fenster des Ansicht-Managers einblenden.

Der Ansicht-Manager ist einfach zu bedienen:

Wie bei **Zoom**: vergrößern, verkleinern, alle Objekte, markierte Objekte.

Vergeben Sie passende Namen für die Ansichten: rechte Maustaste darauf, dann **Umbenennen**. Anklicken, um eine Ansicht aufzurufen.

Die aktuelle Ansicht können Sie mit dem „+" **speichern** oder rechts mit dem Papierkorb **löschen**.

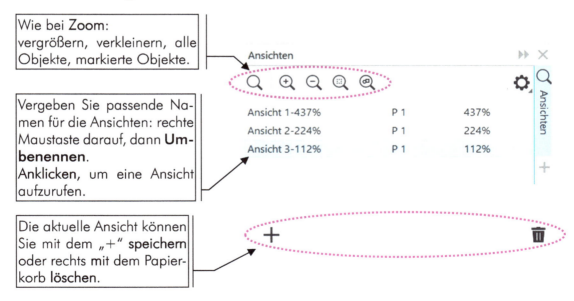

Diese Zoom-Einstellungen werden in der aktuellen Zeichnung mitgespeichert, so dass die Zoomstufen auch später benutzbar sind. Praktisch bei großen, unübersichtlichen Projekten.

5.2 Der Objekt-Manager

Der **Objekt-Manager** ist bei aufwendigen Zeichnungen sinnvoll.

◆ Im **Objekt-Manager** (bei Andockfenster: Fenster/Andockfenster/Objekte) könnten Sie verschiedene Zeichnungsebenen erstellen und ggf. Ebenen ausblenden oder nur bestimmte Ebenen ausdrucken, ähnlich der Layer in CAD-Programmen.

   ↳ Sie können **neue Ebenen** oder Hauptebenen ergänzen, z.B. Karosserie, Motor, Hintergrund, Menschen, Text, Bemaßungen usw.

◆ Im **Objektdaten-Manager** (ebenfalls bei Andockfenster, aber nicht bei der Home & Student Edition) können Namen, Preise und Kommentare zu Elementen eingegeben werden, was z.B. bei Stücklisten eine Preiskalkulation ermöglichen würde.

Der Objekt-Manager:

Beim **Schließen** des Objekt-Managers darauf achten, dass die Ebene gewählt ist, auf der Sie weiterzeichnen wollen.

Alles anzeigen oder z.B. daneben nur Layer oder Seiten.

Hier finden Sie die wichtigsten Befehle.

Klicken, um enthaltene Elemente ein- oder ausblenden.

Sie können durch Klicken auf das **Druckersymbol** erreichen, dass die Elemente auf dieser Ebene zwar angezeigt, aber nicht gedruckt werden (Voreinstellung für die **Hilfslinien-Ebene**).

Jedes Element, jede Ebene kann durch Klicken auf das **Auge** aus- und wieder eingeblendet werden. Maus über dem Objekt und das Auge erscheint.

Die **Master-Seite** ist die zugrunde liegende Vorlage, auf der „Layer 1" befindet sich von Ihnen gezeichnetes.

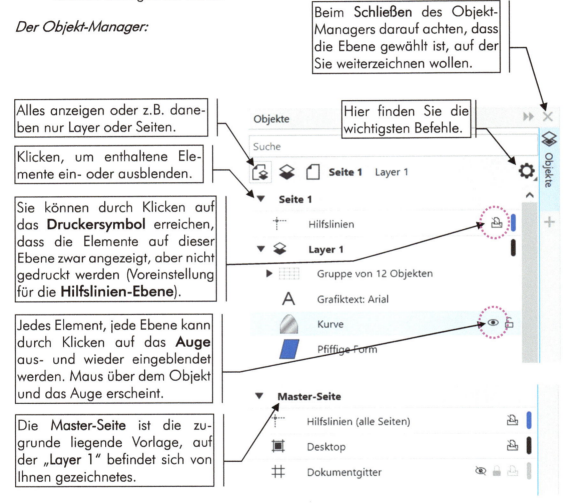

◆ Sie können Elemente mit der Maus auf eine andere Ebene **verschieben**, z.B. Texte, nachdem Sie eine neue Ebene „Text" erstellt haben.

◆ Wenn Sie im Objekt-Manager etwas anklicken, wird dieses Element in der Zeichnung **markiert**.

Neue Ebene, daneben neue Masterebene: für alle/nur ungerade/gerade Seiten.

Ebene löschen.

Zweiter Teil

Text

Text und Druck,
Objekte umformen

Symbole anders angeordnet?
Fenster-Arbeitsbereich-
Standard

6. Ein Veranstaltungsplakat

Sie kennen schon die Textverarbeitung aus dem ersten Band zu CorelDRAW, auch die Unterschiede zwischen dem Grafik- und Mengentext.

6.1 Text im Corel

Eine kurze Wiederholung mit allem wesentlichen:

- ♦ Wenn Sie mit dem Textwerkzeug in der Zeichnung klicken und losschreiben, haben Sie **Grafiktext**.
  - ↳ Grafiktext können Sie mit der Maus anfassen, verschieben oder in der Größe ändern.

- ♦ Wenn Sie stattdessen mit dem Textwerkzeug einen Rahmen ziehen, so ist dies ein **Mengentextrahmen**.
  - ↳ Mit diesem Mengentextrahmen haben Sie sozusagen ein kleines Textprogramm in Ihrer Zeichnung gestartet.
  - ↳ Sie können den Text zwar nicht mehr mit der Maus umformen, dafür stehen alle Optionen eines guten Textprogramms zur Verfügung, z.B. Blocksatz und Silbentrennung.

- ♦ Die dritte wichtige Option für Text bestand darin, **Sonderzeichen** aus den Spezialschriften einzufügen. Das geht mit **Text/Glyphen** oder [Strg]-F11 (s. S. 24).

- ♦ Im **Photo-Paint** sollten Sie möglichst keinen Text schreiben. Photo-Paint ist zur Fotobearbeitung ideal, aber nicht zur Textbearbeitung, und beim Speichern in ein Fotoformat mit speichersparender Komprimierung wie jpg würde Text ebenfalls zu einem Pixelbild umgewandelt.
  - ↳ Daher immer nur die Fotos im Photo-Paint vorbereiten und dann das Projekt im CorelDRAW mit Text, Hintergrund, Bildern und ClipArts fertig stellen.
  - ↳ Sehr kurze Texte, Überschriften oder der Name des Fotografen z.B. als Wasserzeichen können natürlich auch im Photo-Paint ergänzt werden, dann aber unbedingt im Photo-Paint-Format cpt speichern.

Zur folgenden Übung:

Wir wollen ein Plakat im **DIN A2-Format** entwerfen, das anschließend z.B. in geringen Stückzahlen auf einem Rollenplotter ausgedruckt werden könnte.

6.2 Ein Rahmen

Da wir bei einem Plakat bereits umfangreiche Vorüberlegungen auf Papier erstellt haben, können wir gleich mit dem Hintergrund beginnen. Der Text, der abschließend ergänzt wird, wurde ebenfalls bereits erarbeitet.

Bei dem Hintergrund wollen wir einen interessanten Effekt verwenden, indem wir einen Rahmen um das Plakat erstellen.

> Neue Zeichnung, **DIN A2 Hochformat**, **Gitter** alle 5 mm,

> dann ein **Rechteck** als Hintergrund zeichnen und mit dem **Linienwerkzeug** eine innen liegende gezackte Kontur (hierbei Gitter abschalten).

> Beide Elemente markieren, **kombinieren** und dann z.B. mit einem radialen Farbverlauf, mit vielen Farbtönen und Größe etwa 130, füllen.

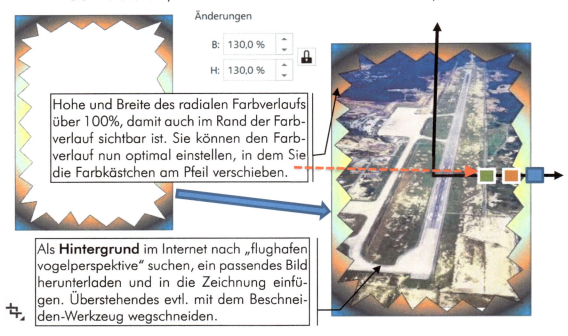

Änderungen

B: 130,0 %
H: 130,0 %

Hohe und Breite des radialen Farbverlaufs über 100%, damit auch im Rand der Farbverlauf sichtbar ist. Sie können den Farbverlauf nun optimal einstellen, in dem Sie die Farbkästchen am Pfeil verschieben.

Als **Hintergrund** im Internet nach „flughafen vogelperspektive" suchen, ein passendes Bild herunterladen und in die Zeichnung einfügen. Überstehendes evtl. mit dem Beschneiden-Werkzeug wegschneiden.

Derartige Rahmen können Sie vielfältig einsetzen, z.B. für einen ganz normalen Bilderrahmen oder um mittels eines weiß eingestellten Rahmens das Bild ausgefranst wirken zu lassen. Für verschiedene Entwürfe können **Kopien** im aktuellen Bild erstellt werden:

Ein weißer Rahmen lässt das Bild wie ausgefranst erscheinen.

Hier wurden mit dem Form-Werkzeug viele Zacken gelöscht.

6.3 Text als Kopie

Jetzt werden wir den Text ergänzen. Das Ganze soll ein Plakat für ein **Open-Air-Konzert** am Flughafen werden.

➢ Schreiben Sie z.B. folgenden Text, zuerst natürlich wegen dem großen Papierformat auch eine **große Schrift** wählen,

➢ dann außen im Rand den Text schreiben, anschließend eine **Kopie** in die Zeichnung einpassen.

POP-ART
Open-Air
mit

-DrumTotal
-After Ende
-The Machines
-Die Neutrinos
-Die Hinterhofjungen
-Robotrop
u.a.

Am alten Flughafen
Samstag, den 11.8.2010
ab 10 Uhr morgens
bis 10 Uhr abends
Eintritt ERwAchsene: 10 €
Kinder: 4 €

Mit einem Markierungsrahmen alle Texte markieren und schon einmal eine passende Schriftart wählen.

> Text neu schreiben ist lästig. Darum empfiehlt es sich, eine **Kopie** im Seitenrand aufbewahren, denn viele Umformungen und Effekte lassen sich nur schwer rückgängig machen.

6.4 Voreinstellungen ändern

Wenn Sie bei einem Satzstudio für Plakate zuständig wären und meistens im DIN A1-Format arbeiten würden, wäre es unnötig, jedes Mal das Papierformat zu ändern. Besser einmal die Voreinstellung anpassen:

◆ Wenn **nichts markiert** ist (im leeren Bereich klicken) und Sie etwas ändern, z.B. eine andere Schriftgröße oder Farbe, können Sie dies als neue **Voreinstellung** festlegen.

   ✎ Es erscheint bei Änderungen, wenn nichts markiert ist, eine Frage, **nur wenn beabsichtigt**, das Fragemenü mit Ja bestätigen.

◆ Einstellungen der aktuellen Zeichnung (nicht das gezeichnete selbst) können Sie mit dem Befehl **Extras/Einstellungen als Standard speichern** - inklusive Papierformat und Gitteroptionen.

> !!! Achtung! Wird ohne Fragefenster durchgeführt!!! Rückgängig nicht möglich !!! Müsste manuell rückgeändert werden.

   ✎ Bei **Datei/Als Vorlage speichern** könnten Sie z.B. eine leere Zeichnung in Ihrem üblichen Format mit einem Firmennahmen als Vorlage speichern und hierbei auch Schrift- und Farbeinstellungen vorgeben.

6.5 Transparenzbereich mit Verschmelzen

Das **Foto** würde den Text zu stark in den Hintergrund drängen. Darum wollen wir den Text mit einem nur **leicht transparenten Rahmen** versehen, der das Hintergrundbild etwas dämpft und so den Text mehr in den Vordergrund rückt.

> ➢ Zeichnen Sie hierfür **drei Rechtecke**, die sich überlappen, jeweils etwas größer als der Text.

> ➢ Diese drei Rechtecke markieren und dem Symbol Verschmelzen oder mit **Objekt/Formen/Verschmelzen** zu einem Element zusammenführen.

> ➢ Für die Rechtecke eine **Füllfarbe** wählen, diese aber **transparent** einstellen, dann hinter den Text anordnen: etwas wegschieben, da sonst der Text nicht anklickbar, dann **Objekt/Anordnung/Hinter** und den Text anklicken.

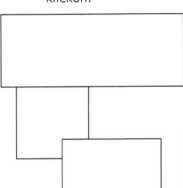

Anschließend mit dem Form-Werkzeug wie abgebildet umformen.

6.6 Formen: Schnittmenge, Zuschneiden...

> ➢ Zwei Objekte überlappend zeichnen, beide markieren und die gewünschte Funktion wählen bei **Objekt/Formen**. Die Originale bleiben oft erhalten, diese einfach wegschieben oder löschen.

Gezeichnete Originale:	Verschmelzen	Zuschneiden = Vereinfachen:	Schnittmenge:
Vereinfachen:	Vorderes:	Hinteres:	Begrenzung:

♦ Bei **Objekt/Formen/Form** oder **Fenster/Andockfenster/Form** finden Sie ein Menü, in denen auch Quell- und Zielobjekt angekreuzt oder abgewählt werden kann.

     ↳ **Quellobjekt:** das markierte bleibt erhalten, **Zielobjekt:** das zweite Element bleibt erhalten, **beides ankreuzen**: eine Kopie wird bei unveränderten Originalen erstellt.

6.7 Aufhellen

Wenn Sie den Hintergrund für den Textbereich aufhellen möchten, gibt es noch folgende Möglichkeiten:

♦ Sie können mit **Effekte/Anpassen/Helligkeit, Kontrast und Intensität** das Hintergrundbild aufhellen oder mit geringerer Intensität versehen.

♦ Sie könnten dem **Umriss** zum Aufhellen den Effekt **Linse** zuweisen, da Sie bei einer Linse nicht nur vergrößern, sondern diesen Bereich auch aufhellen oder mit anderen Effekten versehen können.

6.8 Die Linse

➤ Zuerst das **Objekt** (im Beispiel den zusammengeschmolzenen Rahmen) markieren, dann **Effekte/Linse** aufrufen.

Das Andock-Fenster Linse öffnet sich:

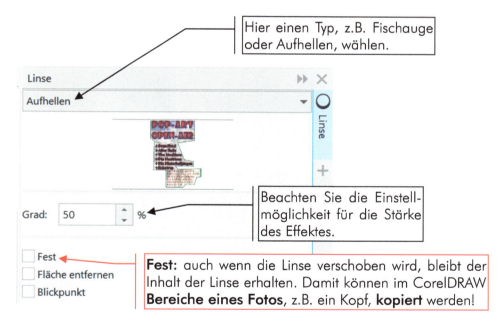

Hier einen Typ, z.B. Fischauge oder Aufhellen, wählen.

Beachten Sie die Einstellmöglichkeit für die Stärke des Effektes.

Fest: auch wenn die Linse verschoben wird, bleibt der Inhalt der Linse erhalten. Damit können im CorelDRAW **Bereiche eines Fotos**, z.B. ein Kopf, **kopiert** werden!

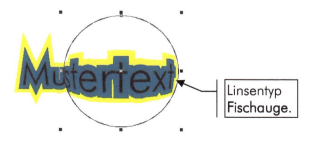

Linsentyp Fischauge.

Vergrößern: *Linse invertiert:*

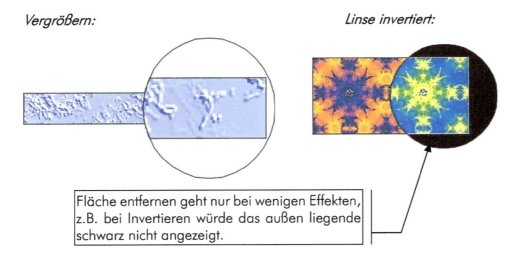

Fläche entfernen geht nur bei wenigen Effekten, z.B. bei Invertieren würde das außen liegende schwarz nicht angezeigt.

Das Ergebnis mit dem Linsentyp „Aufhellen":

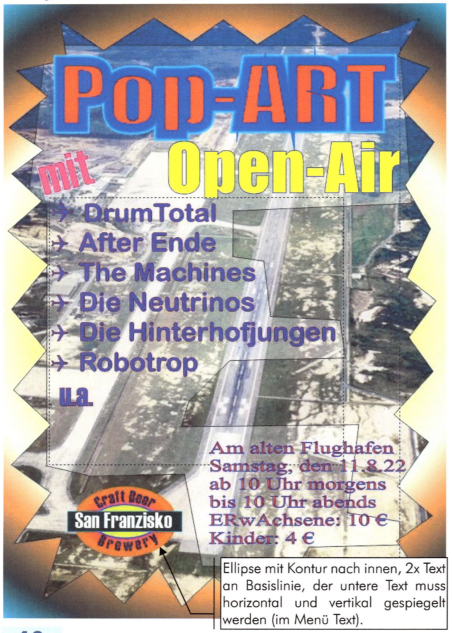

Ellipse mit Kontur nach innen, 2x Text an Basislinie, der untere Text muss horizontal und vertikal gespiegelt werden (im Menü Text).

Zusammenfassung:

➢ Bildbereiche können mit kombinierten Rahmenlinien maskiert und dann mit **Effekten** bearbeitet werden.

➢ Falls zu viele Elemente das Markieren erschweren, würde es sich anbieten, diese auf verschiedenen **Ebenen** zu zeichnen, z.B. Ebene Text, Rahmen und Hintergrund.

➢ Sie können den verschmolzenen Umriss weiterhin mit dem **Form-Werkzeug** bearbeiten, umformen, neue Punkte durch Doppelklicken setzen oder Kurvenpunkte löschen.

🖑 Damit wurde der Rahmen an die Textform angepasst.

➢ Die **Umrisslinie** am besten abschalten (markieren, dann rechts oben in der Farbpalette mit der rechten Maustaste auf das X klicken).

Auf dunklem Hintergrund hellen Text und auf hellem Hintergrund Text mit dunklen Farben verwenden.

6.9 Eine Aufzählung

Für die Aufzählung der Musikgruppen wäre ein Aufzählungszeichen, auch Blickfangpunkt oder Bullet genannt, schön. Das ist im CorelDRAW nicht ganz so einfach einzustellen.

6.9.1 In Mengentext umwandeln

Blickfangpunkte können nur für Mengentext eingestellt werden. Also müssen wir den Grafiktext in Mengentext umwandeln.

➢ Auf dem Text **rechte Maustaste**, dann „**in Mengentext konvertieren**" wählen.

Damit wir den Überblick besser behalten, am besten die **Steuerzeichen** für den Text sichtbar machen, damit wir z.B. erkennen können, ob am Zeilenende Return für einen neuen Absatz oder eine neue Zeile ([Umschalt]-[Return]) eingestellt ist:

➢ **Text markieren,** dann **Text/nicht druckbare Zeichen** einschalten (wird nur angezeigt, wenn Text mit Textwerkzeug markiert ist).

Damit wir einen Blickfangpunkt setzen können, der für einen Absatz gilt, ist am Zeilenende **Return** für einen **neuen Absatz** zu drücken.

➢ Dann Text markieren, entweder alle Absätze der Aufzählung mit dem Textwerkzeug oder den Mengentextrahmen mit dem Auswahlpfeil.

 🖑 Dieses Symbol schaltet einen Blickfangpunkt ein- oder aus, bei **Text/Blickfangpunkte** können Sie ein Aufzählungszeichen auswählen (s. n. Seite), daneben wären Initialen (erster Buchstabe groß).

43

Das Menü Blickfangpunkte:

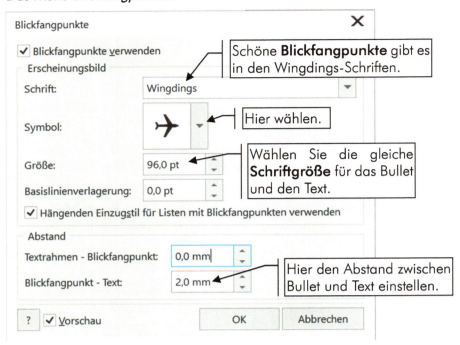

- Sie könnten den Blickfangpunkt auch mit etwas kleinerer Schriftgröße versehen und dann bei „**Basislinienverlagerung**" etwas nach oben schieben, damit der Punkt in Zeilenmitte liegt.

- Der „**Hängende Einzug**" macht sich erst bei mehreren Zeilen pro Absatz bemerkbar. Die weiteren Zeilen werden dann eingerückt, nur das Aufzählungszeichen steht ganz links (so wie dieser Absatz hier).

Das Ergebnis:

7. Ein Firmenlogo – Umzeichnen

Im ersten Band zu CorelDRAW wurde ausführlich behandelt, wie Sie mit dem **Form-Werkzeug** Objekte mit Kurvenlinien zeichnen können. Aber auch vorhandene Objekte können Sie beliebig umzeichnen und damit bereits existierende Zeichnungen, ClipArts oder Text vielfältiger nutzen.

- ◆ Gezeichnete **ClipArts** sind mit den gleichen Zeichentechniken erstellt, d.h. mehrere Elemente wurden entweder kombiniert oder gruppiert.

  - ↳ Also können Sie die Elemente durch „**Kombination aufheben**" oder „**Gruppierung … aufheben**" wieder trennen und umzeichnen oder Teile kopieren und in eigene Zeichnungen einfügen.

- ◆ Mit **anderen Zeichnungen** können Sie genauso verfahren, wenn Sie z.B. eine Zeichnung eines Kollegen weiterverwenden möchten oder ein Objekt aus dem Internet oder eine CorelDRAW-Beispielzeichnung.

  - ↳ Dabei sollten Sie natürlich auf **Copyrights** achten oder ggf. die Erlaubnis des Urhebers schriftlich einholen.

  - ↳ **Aufwändige Zeichnungen** bestehen aus vielen Einzelteilen, die meist zu zahlreichen Objekten gruppiert oder kombiniert sind. Oft ist deshalb mehrmals eine Gruppierung oder Kombination aufzuheben. Nützlich ist es hierbei, die einzelnen Gruppen nach außen zu verschieben, bis Sie einen Überblick haben.

- ◆ Selbst **Text** können Sie umzeichnen, was für viele Firmenlogos erforderlich ist, damit der charakteristische Schriftzug entsteht.

  - ↳ Text und viele Zeichenobjekte aus anderen Programmen können mit dem Befehl **Objekt/in Kurven konvertieren** in einzelne Linien und Kurven zerlegt werden.

    `[Strg]-Q`

  - ↳ Natürlich ist Text danach kein Text mehr, so dass z.B. die Schriftart oder -größe nicht mehr geändert werden kann. Darum immer an einer Kopie durchführen.

In diesem Kapitel werden wir uns mit allem erforderlichen befassen, um Text, Zeichnungen oder Objekte umzuzeichnen. Das erspart einerseits viel Arbeit, andererseits ermöglicht es viele neue Anwendungsgebiete, etwa indem Text total modifiziert wird.

Im **Photo-Paint** sind andere Effekte für Text möglich als im CorelDRAW, die im ersten Band zu Corel Photo-Paint beschrieben wurden. Von der Verwendung für Firmenlogos ist jedoch abzuraten, da Pixelbilder immer mit unscharfen Rändern verbunden sind, die bei perfekter Druckqualität zu Tage treten.

45

7.1 Farben und Voreinstellungen

Wenn Sie ein bereits existierendes Firmenlogo nachzeichnen oder ein neues entwerfen, sind folgende Ratschläge hilfreich, damit das Logo sich jederzeit exakt reproduzieren lässt. Das ist äußerst wichtig, damit die Firma immer mit dem gleichen Logo und dem gleichen Farbton identifiziert wird, was unter dem Schlagwort „Corporate Identity" zusammengefasst ist.

♦ Damit der Farbton bei dem gedruckten Firmenlogo auf Briefpapier und auf den Visitenkarten oder einem Werbeprospekt immer exakt gleich ist, werden Farben aus den genormten **Farbpaletten** verwendet, im Druckereigewerbe meist aus der Palette **Pantone**.

↳ Die verwendeten Farbtöne der Druckerei mitteilen (Name der Palette und Farbnummer).

↳ Bei bereits existierenden Logos vor dem Nachdruck nach den Farbbezeichnungen erkundigen.

7.2 Textentwürfe

Für ein neues Firmenlogo werden wir zuerst einige Variationen für den Text entwerfen.

♦ Die Schriftart sollte zu dem Image der Firma passen, fast immer sind seriöse, geradlinige Schriften vorzuziehen und es sollte immer die **gleiche Schrift** mit identischer Anordnung verwendet werden.

Probieren Sie einige Variationen:

Kapitälchen oder Großbuchstaben sind oft passend, die Sie bei „Text-Texteigenschaften" bei dem unten abg. Symbol einstellen können.

Solch eine Schrift würde z.B. für eine Schreibwaren- oder Briefpapier-Firma passen.

Home & Student nur Kapitälchen und Großbuchstaben.

Ergänzen Sie überall einen **Hintergrund** und experimentieren Sie mit den Farben und der Anordnung z.B. für GmbH:

7.3 Hintergrund variieren

Wenn Text, Schriftart und -farbe halbwegs ermittelt sind, können wir die bei Firmenlogos typischen i-Tüpfelchen einbauen, z.B. den Text streifenweise ausblenden oder Ecken wegbrechen.

Das geht noch einfach. Das Rechteck wurde kopiert, damit der Farbton identisch ist, ganz schmal eingestellt und wie eine Linie über den Text gelegt:

Sehr schön ist auch ein Farbwechsel:

Wie lässt sich das einstellen?

- ➢ Dem Text wurde eine **Farbverlaufsfüllung** zugewiesen, wobei die **Anzahl der Streifen auf 2** reduziert wurde.

- ➢ Dem Rechteck die gleiche Farbverlaufsfüllung zuweisen, nur um 180° gedreht.

7.4 Text zuschneiden

Wenn Sie einen nicht mehr einfarbigen Hintergrund haben, wird es schwieriger, den Text stellenweise auszublenden. Dann muss der Text tatsächlich abgeschnitten werden, z.B. indem wir diesen mit einem Rechteck verschmelzen:

- ➢ Rechteck über die halbe Texthöhe zeichnen und nach unten kopieren:

- ➢ **Fenster/Andockfenster/Form,** Text markieren und **Schnittmenge** mit dem oberen Rechteck
  - Originalquell- und Zielobjekt beibehalten,

- ➢ danach noch einmal **Schnittmenge** mit dem unteren Rechteck,
  - hierbei **Originalquellobjekt beibehalten** abschalten (s. S. 40).

Zwei Texthälften bleiben übrig, die anschließend beliebig farbig gefüllt werden könnten.
Die Rechtecke wurden hier gleich gelb gefüllt.

Bei der nächsten Variante wurden die Texte verschiedenfarbig gefüllt, dann gruppiert und dann der Effekt hinterlegter Schatten „Kleines Leuchten" zugewiesen. Die Rechtecke wurden mit leicht verschiedenen Farben gefüllt:

7.5 Text umzeichnen

Oft sollen die Buchstaben verändert werden. Mit dem Form-Werkzeug können Sie den Abstand ändern.

Wenn Sie den Text mit **Objekt/in Kurven konvertieren** behandeln, haben Sie zwar keinen Text mehr, so dass sich der Text oder die Schriftart nicht mehr ändern lässt, dafür aber Linien und Kurven, die dementsprechend beliebig verformt werden können, links wurde das Z verlängert:

 Mit dem Effekt **Verzerren** (nur bei dem Symbol hinterlegter Schatten), wobei GmbH wegen der Lesbarkeit vorübergehend weggeschoben wurde:

7.6 ClipArts umzeichnen

Probieren Sie dieses Logo:

Anleitung:

> Den Hintergrund malen wir einfach selbst: ein Rechteck im CorelDRAW mit einer feinen Kontur (0,1 mm, fünf Stufen nach innen).

> Zahlreiche Bilder von **Klaviertasten** finden Sie im Web, einfach nach **Klaviertasten** suchen. Bei gedachter Veröffentlichung natürlich Copyright beachten oder lieber selbst ein Foto machen.

>> Passendes Foto groß anzeigen lassen, mit der rechten Maustaste auf Ihrer Festplatte speichern und in die Zeichnung **einfügen**.

>> Bei **starker Vergrößerung** im Eck links oben einpassen, dann bei gedrückter Umschalt-Taste eine Kopie nach rechts verschieben und andocken – auf diese Weise bis zum Ende mit **Kopien** pflastern.

>> Das letzte Stück ragt über den Rahmen hinaus, mit dem **Form-Werkzeug** passend abschneiden oder Rahmen einfach verbreitern.

> Text schreiben, Schriftart wählen und dann „**erzwungenen Blocksatz**" einschalten – damit wird auch die letzte Zeile des Absatzes auf die Textbreite ausgedehnt.

> Abschließend den **Text**, da die Tastatur oben diesen zu unleserlich macht, mit einem **Farbverlauf** (90° gedreht, zwei Farben) füllen, Linie breiter einstellen sowie einen **hinterlegten Schatten** „kleines Leuchten" mit Schattenfarbe schwarz, damit der Text fast räumlich wirkt.

> **Violin**-Bilder finden Sie im Web. Suchen Sie ein geeignetes Bild einer Violine vor weißem Hintergrund ohne weiteres Zubehör. Dieses im Web groß anzeigen lassen, rechte Maustaste/kopieren.

7.7 Foto bearbeiten

Diese Violine-Bilder sind meist aus einem Foto herausgeschnitten (freigestellt) und somit Pixelbilder, daher öffnen wir diese gleich im Corel Photo-Paint.

In Photo-Paint übernehmen:

> ➢ **Corel Photo-Paint** starten, dort **Datei/Neu aus Zwischenablage**.

>> ✎ Dort das Foto auf Vollbild einstellen und vergrößern.

>> ✎ Wir könnten den Hintergrund weitgehend mit dem Radierer weiß einstellen, kopieren, im Corel einfügen und dort mit **Bitmaps/Bitmap Farbmaske** den Hintergrund ausblenden, dies funktioniert jedoch nur bei seltenen Fotos mit großen Kontrasten.

>> ✎ Also lieber gleich wie im Folgenden beschrieben die Violine korrekt maskieren (freistellen).

Violine maskieren:

> ➢ Im Photo-Paint mit der **Zauberstabmaske** die Violine maskieren, dabei die Toleranz auf ca. 20% erhöhen und mit + weiter klicken, bis fast keine Rahmenlinien mehr in der Violine sind.

>> ✎ Ggf. bei helleren Randbereichen Toleranz reduzieren oder mit dem „-" von außen wieder mit dem Pinsel oder Zauberstab abmarkieren. So weiter Stück für Stück bis die Maske ziemlich passt.

>> ✎ Wenn Sie stark vergrößern, fällt die Arbeit leichter und wird präziser.

Ergebnis neu speichern und in Corel übernehmen:

> ➢ Wenn fertig, kopieren und das fertig kopierte im Photo-Paint als neues Foto: **Datei/Neu aus Zwischenablage**, dann auf der Festplatte als eigenes Objekt in einen passenden Ordner, z.B. **Fotos\Objekte\Musik** speichern.

>> ✎ So können Sie sich mit der Zeit eine eigene und immer größer werdende **Objektsammlung** erstellen.

> ➢ Abschließend kopieren und in CorelDRAW einfügen. Mehrere gleichmäßig versetzte Kopien lassen sich bei **Fenster/Andockfenster/Ändern** erstellen.

Falls beim Übernehmen aus oder in ein anderes Programm ein **Hintergrund** ergänzt wird, ist dieser einfarbig, so dass der Hintergrund mit der Farbmaske ausgeblendet werden könnte.

Solch eine Farbmaste oder eine Pipette zum Ausblenden von Farben gibt es in fast jedem Programm.

....

....

....

49

7.8 Unterschneidung

> In der **Home & Student Edition** haben Sie ein voreingestelltes Kerning ohne die Möglichkeit einer manuellen Anpassung.

Je größer der Text oder je besser die Druckqualität ist, umso wichtiger ist die **Unterschneidung**, engl.: **Kerning**. Das ist ein Standard bei allen Drucksachen, der folgendes optisches Problem behebt:

> Jeder Buchstabe hat bei **Proportionalschriften** eine optimale Breite, ein „i" braucht viel weniger Platz als ein „m". Wenn aber z.B. auf ein groß geschriebenes V oder T ein kleingeschriebener Buchstabe folgt, entsteht der Eindruck, als ob ein größerer Abstand, eine Lücke, vorhanden wäre. Der Grund liegt darin, dass das große T oder V die Breite nur oben beansprucht, unten ist mehr Platz.

Teller
Teller

Um diesen Effekt zu beseitigen, wird bei Computersatz- oder Textprogrammen die Unterschneidung eingeschaltet, dann werden kleine Buchstaben etwas unter ein großes V oder T geschoben.

Im Corel ist eine leichte Unterschneidung voreingestellt, die jedoch besonders bei großem Plakattext nicht ausreicht. Folgendermaßen können Sie die Unterschneidung von Hand korrigieren, bis alle Buchstaben den gleichen Abstand zu haben scheinen:

> ➢ **Markieren Sie nur das „V"** mit dem Textwerkzeug, dann

> ➢ **Text/Texteigenschaften** und hier die **Unterschneidung** einstellen:

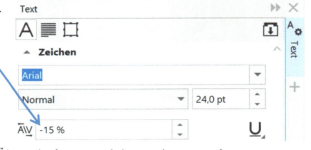

Verein

- ♦ Bei ganz großer Schrift, z.B. der Überschrift eines Plakates, kann auch die im ersten Band besprochene Möglichkeit benutzt werden, einzelne Buchstaben mit dem **Form-Werkzeug** zu verschieben.
  - ✎ Hierbei ist es hilfreich, dass bei gedrückter [Strg]-Taste nur waagerecht verschoben werden kann.

Verein

Eine kleinere Variante ohne Violine mit Unterscheidung für das Ve.

Im Gegensatz zu den **Proportionalschriften**, bei denen der Buchstabenabstand optimal auf die Buchstabenbreite angepasst ist, gibt es nichtproportionale Schriften (**Festbreitenschrift**) mit gleichem Abstand für jeden Buchstaben, die z.B. für Datenbankanwendungen oder Formulare besser geeignet sind, damit die Buchstaben immer untereinanderstehen.

7.9 Stücke wegbrechen

Text auf eine bestimmte Art zu modifizieren ist ein oft verwendeter Effekt, um ein individuelles Firmenlogo zu erreichen.

Probieren Sie folgendes Logo:

➢ Text schreiben, Rechteck zeichnen und anordnen.

➢ Ein kleines Rechteck zeichnen, markieren und **Fenster/Andockfenster/Form**, dann im Menü Quell- und Zielobjekt ggf. abschalten und **Zuschneiden**, als Objekt den Text wählen.

7.10 Exportieren

Einmal erstellte Firmenlogos sollten auch in anderen Programmen, z.B. als Briefpapier-Ersatz in einem Textprogramm, verwendbar sein. Dann bietet sich die Umwandlung in ein Standard-Vektorformat wie etwa eine **wmf**-Datei an (wmf = Windows Meta File).

wmf

Möglichst nicht in ein Fotoformat wie JPG oder TIF umwandeln, da ein Qualitätsverlust die Folge wäre.

➢ Markieren Sie die gewünschten Objekte, dann **Datei/Speichern unter** oder /**Exportieren** oder **Exportieren für/Office** und bei Dateityp das gewünschte Format wählen.

   ↳ Wenn nicht die ganze Zeichnung umgewandelt werden soll, unbedingt „**nur markierte Objekte**" ankreuzen.

   ↳ Eine Frage erscheint noch: „**Text exportieren als**" Text oder Kurven. Mit letzterem wird das Objekt größer, dafür muss die verwendete Schrift nicht auf dem Rechner installiert sein.

♦ Bei **Exportieren für/Office** wird in das moderne **png**-Format (portable network grafics) umgewandelt, dabei ist die Qualität einstellbar: **Präsentation** (=Bildschirmanzeige), **Desktop-Printing** (=Tintenstrahldrucker) oder **Professioneller Druck**.

Standardformate sind **wmf**, **png** oder **emf**, auch in das Adobe Illustrator Format (**ai**) kann exportiert werden, jedoch ist mit Umwandlungsfehlern bei schwierigen Objekten zu rechnen.

Wege des Exportierens im Corel:

♦ Im CorelDRAW können Sie mit **Datei/Speichern unter** oder dem **Symbol Exportieren** in andere Formate exportieren, jedoch ist mit Umwandlungsfehlern zu rechnen.

   ↳ Aufträge möglichst **frühzeitig** erledigen, damit Zeit für ggf. auftretende Probleme bleibt.

   ↳ Es ist auch möglich, in das **Adobe Illustrator**-Format mit der Dateiendung **ai** zu exportieren.

♦ Ebenfalls bei **Datei/Speichern unter** könnten Sie im Format einer vorherigen **CorelDRAW-Version** speichern.

   ↳ Funktionen, die bei einer älteren Ausgabe noch nicht vorhanden waren, gehen dabei verloren.

- Wenn Sie eine Datei in einem **Standard-Vektorformat**, z.B. als **emf**- oder **wmf**-Vektordatei speichern, ist zwar die Kompatibilität gewährleistet, jedoch kann das Satzstudio nichts mehr korrigieren.
  - ↳ Standard-Vektorformate wie wmf (wird von MS Office verwendet) sind z.B. für Firmenlogos oder gezeichnete ClipArts günstig, da in jedem Office-Programm problemlos verwendbar.

> Für spätere Änderungen jedoch unbedingt die **Originaldatei** im CorelDRAW-Format aufbewahren.

- Der sicherste Weg ist es, dem **Satzstudio** die CorelDRAW-Datei, einen Ausdruck sowie alle verwendeten Elemente noch einzeln (Bilder, Logos, ClipArts usw.) mitzugeben. Dann kann das Satzstudio ggf. korrigierend eingreifen.
  - ↳ Zum Übertragen der Dateien bietet sich das Internet an. Die Dateien einfach als **Email-Anhang** versenden.
  - ↳ Wäre auch mit „Datei/Senden an/Email" möglich (nur die aktuelle Datei) oder mit „Datei/Für Ausgabe sammeln".
  - ↳ Besser alle Zeichnungen, Fotos, ClipArts und Schriften in einem **Ordner** speichern, damit auch bei der Datensicherung nichts übersehen wird, so können diese leicht per Email gesendet werden.

> Mehrere Dateien können in komprimierte Archive (z.b. zip oder rar) gespeichert und somit auf einmal übermittelt werden. Kostenlose Komprimierungsprogramme finden sich im Internet z.B. bei www.free-ware.de .

7.11 Logos scannen

Ein Problemfall ist es, wenn Firmenlogos nur ausgedruckt vorliegen. Es ist wegen der erforderlichen hohen Qualität davon abzuraten, diese lediglich zu scannen. Fordern Sie entweder Vektor-Dateien (wmf, emf, ai, cdr, dwg usw.) an oder zeichnen Sie mit folgendem Trick die Logos (halbwegs) sauber im Corel-DRAW nach[1]:

- **Vorlage** zuerst **scannen**, dann dieses Bild im CorelDRAW importieren und als Vorlage im Hintergrund verwenden.
- Die Objekte mit ähnlicher Schrift und Farbe bei starker Vergrößerung **nachzeichnen**.

Da nie eine exakt identische Schrift zu finden ist und die Farben nicht hundertprozentig reproduziert werden können, besser Original-Vektor-Vorlagen, und die Farben der genormten Farbpaletten verwenden.

---

[1] Copyright beachten! Nicht fremde Logos unautorisiert nachzeichnen und verwenden!

8. Titel entwerfen

Sie kennen schon die Textverarbeitung aus dem ersten Band zu CorelDRAW. Jetzt vertiefen wir den Mengentext um folgende Optionen: wie Textrahmen verknüpft werden, wie Text um eine Grafik herum fließen kann und wie Texte eingestellt werden können, ohne alles in Handarbeit zu erledigen – vor allem bei längeren Texten eine Hilfe.

8.1 Eigene Vorlage

Wir wollen ein Informationsblatt mit zweispaltigem Text und einigen Grafiken erstellen. Um möglichst viel zu lernen, verwenden wir keine vorgefertigte Vorlage, sondern beginnen ganz von vorne.

➢ Neue Datei, DIN A4 hoch, dann **Gitter** auf je 5 mm einstellen.

➢ Jetzt lassen sich sehr schnell **Hilfslinien** als Seitenrandbegrenzung und in der Mitte als Spaltenbegrenzung in die Zeichnung ziehen.

➢ Am oberen Rand den **Kopfzeilenbereich** ebenfalls mit Hilfslinien kennzeichnen.

Ohne diesen Trick mit dem Gitter könnten Sie das **Hilfslinien-Menü** benutzen, da dort die Koordinaten für Hilfslinien eingeben werden können (auf einer Hilfslinie doppelklicken oder auf dem Lineal die rechte Maustaste).

> Es gilt im CorelDRAW, da wir ein Grafik- und kein Textprogramm haben, dass **Hilfslinien** die Seitenränder und Spalten ersetzen.

Wenn Sie sich später sicher sind, dass Sie öfter Arbeiten in diesem Format erstellen wollen, ist die einfachste Methode, die letzte Arbeit zu öffnen und mit **Speichern unter** neu abzuspeichern, z.B. als Info-2019-12-18.

cdt

Natürlich könnten Sie auch als CorelDRAW-Vorlage (cdt) speichern. Die Methode, die letzte Arbeit zu öffnen, bietet jedoch folgende Vorteile:

◆ die letzte Arbeit ist immer auf dem aktuellsten Stand, denn ständige Änderungen, z.B. eine andere bevorzugte Schrift, sind die Regel.

◆ Viele gezeichnete Elemente können möglicherweise weiterverwendet werden, ggf. leicht umgezeichnet. Wenn nicht, geht löschen ganz einfach.

53

8.2 Text bündig ausrichten

Wir wollen eine Kopfzeile mit dem Titel erstellen. Es tritt im CorelDRAW immer wieder folgendes Problem auf:

Der Text soll exakt oben und unten bündig abschließen.

♦ Wenn Text bündig abschließen soll, wäre das theoretisch ganz einfach: Hilfslinien für die Ränder setzen und den Text mit der Maus bis zu den Hilfslinien ziehen.

↻ Leider springt der Text beim Verbreitern nicht immer zu den Gitterpunkten, so dass exaktes Anpassen mit der Maus nicht so einfach ist.

♦ „Erzwungener Blocksatz" ist eine Möglichkeit, jedoch lassen sich beide Schriften dann nicht frei einstellen (Zeilenabstand, Größe…).

Wir probieren es daher in Handarbeit:

➢ Am besten „**AERO**" und „**PLANE**" getrennt schreiben, um 90° drehen, vor dem Drehen den Drehpunkt ins linke untere Eck des Textes verschieben, **stark vergrößern** und mit der Maus ungefähr einpassen:

↻ zuerst den ersten Text oben und unten einpassen, Schriftgröße auf einen geraden Wert korrigieren, dann nur die Breite bis zu den Hilfslinien ausdehnen,

↻ zweiten Text die gleiche Schriftgröße zuweisen und dann ebenso nur oben und unten andocken.

➢ Bei **starker** Vergrößerung kontrollieren, ob beide Texte exakt ausgerichtet sind, ggf. bei starker Vergrößerung mit der Maus nachbessern:

Diesen Text noch ergänzen und ebenso einpassen.

Für beide Texte bei extrem starker Vergrößerung korrigieren, damit sind diese oben und unten exakt angeordnet werden.

Auf die rechte Seite der Kopfzeile soll nun noch ein **Logo**. Natürlich könnten wir uns bei den beigegebenen ClipArts bedienen, doch wenn bei professioneller Anwendung eine Idee verwirklicht werden soll, ist meist nichts Passendes zu finden.

Außerdem ist es eine gute Übung, so dass wir einen **Propeller** neu zeichnen. Die dabei angewendeten Zeichentechniken können Sie immer wieder verwenden.

54

8.3 Objekte verändern - Propeller

Hier im Buch wurden wie in der Praxis die meisten Aktionen mit der Maus durchgeführt. Manchmal ist es jedoch gewünscht, ganz genau zu arbeiten, z.B. ein Objekt um 50mm versetzt zu kopieren.

Für präzise Änderungen über die Koordinateneingabe finden Sie im Andock-Fenster **Fenster/Andockfenster/Änderungen** *folgende Möglichkeiten:*

- ♦ **Position**: Objekte gezielt verschieben.

- ♦ **Drehen**: Objekte mit genauen Winkelangaben drehen.

- ♦ **Skalieren und Spiegeln**: Größe ändern oder spiegeln.

- ♦ **Größe**: dem markierten Objekt andere Dimensionen zuweisen. Proportional: das Verhältnis Länge x Breite bleibt erhalten.

- ♦ **Neigung**: nicht drehen, sondern zum Parallelogramm verschieben.

> Mit „Kopien: x" können bei jeder Funktion Kopien erzeugt werden, also z.B. um jeweils 10mm weiter gedrehte Kopien.

Kopien: `0`

Kurzanleitung für die Übung Propeller:

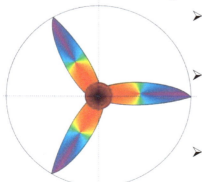

➢ Solche aufwendigeren Einzelteile am besten in einer **separaten Hilfszeichnung** erstellen, diese speichern und erst den fertigen, gruppierten Propeller in unser Werbeblatt hinüber kopieren.

  ↳ Geeignete Maße wählen, etwa: Propellerdurchmesser 100 mm, Zeichnung 120x120 mm und den Ursprung in die Mitte verlegen.

➢ Zuerst den großen **Hilfskreis** zeichnen, für den kleineren Kreis bieten sich zwei Methoden an:

  ↳ entweder den großen Kreis mit gedrückter [Umschalt]-Taste anfassen, die Größe ändern und dabei mit der rechten Maustaste eine verkleinerte Kopie um den gleichen Mittelpunkt erstellen oder

  ↳ mit **Fenster/Andockfenster/Skalieren...** kopieren (Kopien=1).

Die Rotorblätter werden so gezeichnet:

➢ **Linie**: am Mittelpunkt klicken, rechts Doppelklicken, zurück zum Anfangspunkt = zwei Linien übereinander,

➢ dann mit dem **Form-Werkzeug** markieren, zur **Kurve** umwandeln und passend ausbeulen, evtl. innen und außen einen **zus. Wendepunkt** durch Doppelklicken.

➢ Der Nase eine **radiale Füllung** sowie dem ersten Blatt vor dem Drehen eine **Farbverlaufsfüllung** zuweisen.

➢ Abschließend in dem **Änderungen/Drehen**-Menü um 120° zweimal kopieren, **Drehpunkt** dabei in die Mitte zu 0,0 verschieben.

8.4 Spezialeffekte

Das Logo und der Propeller sollen noch professioneller wirken. Zunächst wollen wir bei jedem Propellerblatt noch einen Schweif ergänzen. Wie könnte das erreicht werden?

> ➢ Dem Hilfskreis zunächst einen **radialen Farbverlauf**, frei eingestellt, zuweisen.

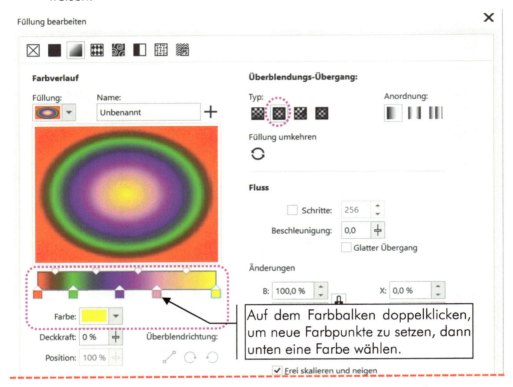

Auf dem Farbbalken doppelklicken, um neue Farbpunkte zu setzen, dann unten eine Farbe wählen.

> ➢ Lösen Sie dann den großen Hilfskreis mit dem **Form-Werkzeug** zu einem **Kreissegment** auf.

> ↳ Dabei innerhalb des Kreises loslassen, damit die inneren „Tortenstücklinien" und damit die Füllung erhalten bleiben.

> ↳ Die **Füllung** erneut bearbeiten und den **Mittelpunkt** halbwegs in die Mitte verschieben.

Schon einmal mit einem Propellerstück montieren:

Die **Linie ausschalten** und nach **hinten** setzten,

> ➢ dann noch eine lineare **Transparenz** zuweisen.

> ➢ Mit **Fenster/Andockfenster/Änderungen** zwei gedrehte Kopien erstellen, dabei den **Mittelpunkt** auf 0,0 verschieben.

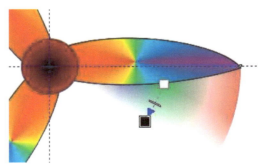

> ➢ Anschließend den Propeller **gruppieren**, in das Titelblatt **kopieren**, an die gewünschte Position schieben und dort in der Größe anpassen.

8.4.1 Text mit Schatten

Den Text ergänzen wir in der großen Zeichnung, dabei jeweils möglichst stark vergrößern.

> ➢ Eine **Hilfslinie** für die Textposition, dann die Überschrift Aeroplane Club als **Grafiktext** schreiben

> ➢ und den **Schatten** mit **Fenster/Andockfenster/Ändern/Position** ergänzen.

Das schaut doch schon besser aus.

8.4.2 Farben übergehen lassen

Jetzt kann die Kopfzeile fertig gestellt werden. Das Logo „Propeller" wird übernommen und eingepasst. Wie wäre es mit einer **wolkenähnlichen** Füllung, bei „Beispiele" zu finden, mit hellerem Blau und zusätzlich um 20% aufgehellt, und dunkelblauem Text?

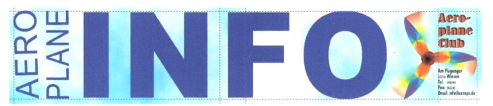

Oder rotem Text mit blauem Schatten (Text kopieren) vor **Farbverlauf**:

Dritter Teil

Stile

Mengentext, Textfluss und Stile

Symbole anders angeordnet?
Fenster/Arbeitsbereich/
Standard

9. Mengentext und Stile

Jetzt werden wir die im vorigen Kapitel vorbereitete Übung mit Text fertig stellen. Damit wir **Blocksatz** und **Silbentrennung** aktivieren können, werden wir den Text als Mengentext schreiben.

9.1 Mengentext

Eine Übersicht, wie diese Seite werden sollte, finden Sie auf S. 69 abgebildet.

- ➢ Da wir die Kopfzeile komplett fertig haben, noch eine **Hilfslinie** als obere Textbegrenzung einfügen.

- ➢ **Textwerkzeug** wählen und mit **gedrückter Maustaste** schon einmal **zwei Textrahmen** in den beiden **Spalten** wie ein Rechteck ziehen (An Gitter ausrichten sollte aktiviert sein).

- ➢ Im ersten Rahmen eine Überschriftzeile und einen **Beispielabsatz** schreiben.

  - ✎ Damit sich die Spalten mit Text ohne großen Schreibaufwand füllen, diesen ersten Beispielabsatz mehrfach **kopieren** und zwischendurch Überschriften einfügen.

  - ✎ Auf diese Art erhalten wir einen realistischen Beispieltext ohne große Schreibarbeit.

> Gelegentlich eine **Überschrift** zwischenschalten.

Flug und Spaß
Schönes Wetter am letzten Wochenende. Toller Flugtag. Die neuen Elektrosegler eingeweiht. Ultimativer Höhenflug mit Grob 109G. Walter Fliege neuer Meister. Beste Thermik, Überland und toll gelandet.

> Einen **Absatz** schreiben und diesen mehrfach kopieren. Achten Sie darauf, dass es wie in einem echten Text verschiedene Absätze werden, die durch **Return** getrennt sind, d.h. Return drücken, dann Text einfügen, da sonst die Einstellung mittels der Stile nicht funktioniert.
> Wenn die Textabsätze kopiert sind, ab und zu eine Überschrift einfügen.

Notizen: ....

....

....

....

9.2 Textrahmen fortsetzen

wenn der erste Rahmen mit Text gefüllt ist, können Sie automatisch den Text in der zweiten Spalte weiterlaufen lassen, die Rahmen sozusagen verbinden.

➤ Klicken Sie den gefüllten **Mengentextrahmen** am unteren, mittleren **Anfasser** an, dann den Rahmen für die zweite Spalte wählen, falls bereits vorhanden, oder einen neuen Rahmen ziehen.

    ↳ Ein Textsymbol erscheint an der Maus.

➤ Wenn der zweite Textrahmen gefüllt ist, noch eine **zweite Seite** ergänzen und dort ebenfalls Textrahmen erstellen, mit dem jeweils vorhergehenden verknüpfen und mit Beispieltext auffüllen.

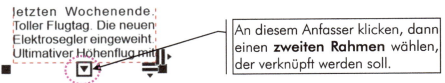

An diesem Anfasser klicken, dann einen **zweiten Rahmen** wählen, der verknüpft werden soll.

9.3 Stile

> Stile sind in der Home & Student Edition deaktiviert.

Wenn genügend Text da ist, wollen wir diesen formatieren. Wir haben zahlreiche Überschriften und normale Textabsätze erstellt. Es wäre viel Arbeit, wenn wir jeden Absatz markieren und dann einstellen würden, vor allem, weil Sie diesen Aufwand bei jeder Änderung wiederholen müssten.

Das ist auch nicht nötig, denn was es in jedem guten Textverarbeitungsprogramm gibt, ist natürlich auch im Corel vorhanden. Formatvorlagen ist der Name bei MS Word, die gleiche Funktion erfüllen die **Stile** im Corel.

Das Prinzip ist ganz einfach:

♦ **Formatierungen** (z.B. Schriftgröße, -farbe, fett, kursiv, Zeilenabstand, Ausrichtung links, rechts…) werden nicht in dem jeweiligen Absatz gespeichert, sondern einmal in dem Stil.

    ↳ Dieser **Stil** kann dann jedem beliebigen Element, Text oder Absatz zugewiesen werden. Alle Einstellungen sind damit übernommen.

> Corel-Style sind nicht mehr an Absätze gebunden, sondern werden dem markierten Text zugewiesen.

Jeder Text besteht aus wenigen Grundelementen:

♦ **Titel, Überschrift 1** und **Überschrift 2**, dem **normalen Text** und ein oder zwei **speziellen Textabsätzen**, z.B.:

    ↳ Zitat, Aufzählung, Beschriftung von Abbildungen…

Folglich sind in der Regel nur etwa fünf Stile erforderlich, bei kurzen Texten oft nur zwei oder drei.

Die Vorteile der Stile sind bei längeren Texten enorm:

♦ **Kein umständliches Einstellen**: jeden Absatz markieren und Schrift- oder Absatzeinstellungen ändern, entfällt.

♦ **Keine Fehler**, weil ein Absatz verkehrt eingestellt wurde, etwa mit 11 statt 12 Punkten Schriftgröße, da die Einstellungen eines Stiles für alle Absätze mit diesem Stil gelten.

♦ Jeder Text kann ohne großen Aufwand **anders formatiert werden**. Wird die Schriftart für den Stil Überschrift 1 geändert, sind alle Überschriften 1 im Text identisch aktualisiert!

Besonders der letzte Aspekt ist die Voraussetzung für **perfekte Texte**.

9.4 Neuer Stil

Die vorhandenen Stile sind selten verwendbar und nicht schön voreingestellt. In unserem Übungstext brauchen wir nur zwei Stile: **Überschrift** und **Text**. Also erstellen wir uns zwei neue Stile.

➤ Markieren Sie die erste Überschrift, dann darauf die rechte Maustaste/Objektstile/Neue Stilgruppe aus…

↳ **Stilgruppe**, damit wir sowohl Text- als auch Absatzformatierungen speichern können.

➤ Als Name Ü1 eintragen und Ok, „Andockfenster Objektstile anzeigen" soll angekreuzt bleiben, damit wir in diesem Fenster nun den Text einstellen können: blau + fett + größere Schrift + unterstrichen.

↳ Ggf. das Menü mit Fenster/Andockfenster/Objektstile öffnen.

➤ Weiter unten bei **Absatz** einen größeren Abstand vor dem Absatz und einen kleineren nach sowie Textausrichtung links einstellen.

➤ Zuweisen mit „Auf Auswahl anwenden" (ziemlich oben), die Überschrift war ja markiert.

➤ Nächste Überschrift markieren und ebenfalls „Auf Auswahl anwenden".

Text als Stil:

♦ Beachten Sie die Umschaltmöglichkeit oben für **Text-, Absatz- oder Rahmeneinstellungen**:

➤ Ersten Textabsatz markieren, **rechte Maustaste darauf/Objektstile/Neue Stilgruppe aus**, diese als „Text" speichern und einstellen: Blocksatz, Absatzabstand, erste Zeile eingerückt:

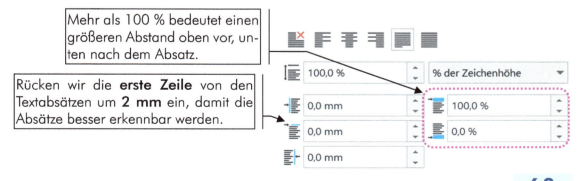

Mehr als 100 % bedeutet einen größeren Abstand oben vor, unten nach dem Absatz.

Rücken wir die **erste Zeile** von den Textabsätzen um **2 mm** ein, damit die Absätze besser erkennbar werden.

> Abschließend nacheinander alle Textabsätze markieren und dann „Auf Auswahl anwenden".

Wenn allen Überschriften die **Formatvorlage Ü1** zugewiesen ist, werden alle automatisch bei Änderungen von Ü1 mit geändert, ebenso beim „Text".

9.5 Stil zuweisen

Damit haben wir die Einstellungen der Überschrift als **Stil Ü1** sowie den Stil **Text** gespeichert. Jetzt können wir diese Stile beliebig vielen markierten Textstellen zuweisen, wobei auch mehrere Absätze zugleich markiert werden können, bzw. mit **dreimal schnell klicken** ein Absatz komplett markiert wird.

- ♦ Falls Sie das Objektstile-Fenster geschlossen haben, lässt sich dieses mit Fenster/Andockfenster/Objektstile oder **[Strg]-F5** neu öffnen.

9.6 Stil ändern

- ♦ Wenn Sie **markierten Text** ändern, wird diese Formatierung aus dem Stil herausgenommen, folglich auch bei Stiländerungen nicht mehr mitgeändert.
- ♦ Wenn Sie im **Objektstile-Fenster** etwas ändern, wird dies automatisch allen Absätzen, denen dieser Stil zugewiesen wurde, einheitlich zugewiesen!
- > Probieren Sie dies aus und **ändern Sie für die Überschrift die Textfarbe,** Schriftgröße und Absatzabstand, ebenso für den Stil Text z.B. Schriftart und -farbe.

9.7 Standardobjekteigenschaften

Unterhalb der Stilgruppen finden Sie die Standardobjekteigenschaften. Das sind die Voreinstellungen für Text- oder Zeichenelemente.

Folglich können Sie hier die Voreinstellungen ändern.

Probieren Sie dies aus:

- > Im Seitenrand einen kurzen Grafiktext schreiben,
- > dann bei den Standardobjekteigenschaften Grafiktext anklicken und die Textfarbe ändern,
- > erneut einen Grafiktext schreiben.

Diese Änderungen gelten jedoch nur innerhalb der aktuellen Zeichnung.

> Als Voreinstellung für alle neuen Zeichnungen könnten Sie dies bei **Extras/Einstellungen als Standard speichern** festlegen. Rückgängig nicht möglich! Änderungen müssten manuell rückgeändert werden!

Gesamten Text ändern, spezielle Absätze:

- ♦ Wenn Sie dem Text einen Stil wie in der obigen Übung zugewiesen haben, können Sie den gesamten Text ändern, indem Sie die Änderungen am Stil vornehmen.
  - ✎ Manuell geänderte Absätze, die z.B. etwas hervorgehoben sein sollen, würden jedoch nicht mehr mitgeändert – für spezielle Absätze also besser einen eigenen Stil erstellen.
- ♦ Erstellen Sie einen **neuen Stil „SpezialText"**. Diesen wie gewünscht etwas hervorgehoben einstellen (Farbe, mehr Absatzabstand, z.B. kursiv, erste Zeile etwas einrücken) und dann einigen Textabsätzen, die z.B. besonders hervorgehoben sein sollen, zuweisen.

Ergänzen Sie einen letzten Satz und formatieren Sie diesen. Für solch einen Einzelfall brauchen die Einstellungen nicht als Stil gespeichert zu werden:

- ➢ Markieren, **Großbuchstaben** und **gesperrt** um 20 %. Text sperren oder stauchen geht bei Text/Text formatieren/Zeichen:
  DIE REDAKTION WÜNSCHT GUTEN FLUG.

9.8 Silbentrennung

Wenn für den Text **Blocksatz** eingestellt wird, sollte auch die **Silbentrennung** aktiviert werden.

- ♦ Bei **Eigenschaften-Menü für Text** können Sie mit diesem Symbol die Silbentrennung ein- oder abschalten, zuvor den gewünschten Text markieren:
- ♦ Bei den drei Punkten kann ein Einstellmenü für die Silbentrennung geöffnet werden (nur Vollversion).
  - ✎ Leider kann die Silbentrennung nicht bestimmten Stilen zugeordnet werden.

Die Silbentrennung führt allerdings gerade bei **schmalen Spalten** dazu, dass viele Wörter zu stark gedehnt oder gestaucht werden, weshalb die Silbentrennungen von Hand nachzubearbeiten sind.

> Wie im Word kann mit **[Strg]-Bindestrich** ein bedingter Trennstrich eingefügt werden (ein Silbentrennungsstrich, der nur gedruckt wird, wenn das Wort tatsächlich getrennt wird).

10. Textfluss um Bilder

10.1 Bilderquellen

Wenn Sie ein passendes Bild suchen, gibt es einige Möglichkeiten:

- Auf der **Corel-DVD**. Auf der DVD sind im Ordner Extras zahlreiche ClipArts, Schriften und Füllmuster, viele Fotos und freigestellte Objekte.

  - Leider wechseln die Fotos und ClipArts von Version zu Version und zu manchen Themen gibt es viele, zu anderen keine Fotos oder ClipArts. Außerdem kaufen immer mehr Corel online und besitzen dann natürlich nur eine Download-Version ohne DVD.

- Mittels Corel **Connect** können Sie auf eine Online-Bibliothek mit zahlreichen Fotos und ClipArts zugreifen.

  - Für die Verwendung ist eine Registrierung notwendig. Ggf. Copyright beachten, die Corel-Lizenz berechtigt nicht automatisch zur Nutzung aller Online-Inhalte!

> Bei der **Home & Student Ausgabe** ist die Anzahl der ClipArts, Fotos, Rahmen, Objekte usw. stark reduziert.

- **Fotosammlungen** gibt es von verschiedenen Herstellern und sind für professionelle Anwender gedacht, bei denen sich die hohen Anschaffungskosten von mehreren Tausend Euro durch den Wegfall der Reisekosten eines Fotografen amortisieren.

  - Für Privatanwender sind relativ preisgünstige Bilder-DVDs oder Fotosammlungen eine Alternative.

- Sie können auch im **Internet** nach Bildern suchen. Internet-Bilder sind jedoch meistens von schlechter Qualität, damit die Dateigröße klein und damit die Übertragungszeit niedrig bleibt, somit jedenfalls für hochauflösende Druckerzeugnisse nicht geeignet.

  - Für kommerzielle Anwendungen daher nicht geeignet, für private Anwendungen, Geburtstagskarten, Schulvorträge, CD-Aufkleber jedoch eine fast unerschöpfliche Fundgrube.

> Besonders bei geplanter Veröffentlichung sollten Sie nach evtl. vorhandenen **Copyrights** Ausschau halten und ggf. vor Verwendung eines Fotos oder ClipArts eine schriftliche Erlaubnis einholen.

- Sie sollten auch Ihren **Rechner** einmal durchsuchen, da sich auch dort einige Bilder verbergen könnten, die z.B. bei manchen Programmen beigegeben waren.

10.2 Bilder suchen

Auf Ihrem Rechner:

♦ Auf Ihrem Rechner können Sie den **Windows Explorer** öffnen, das gewünschte Laufwerk wählen und oben als Suchbegriff ***.jpg** oder *.bmp oder *.tif usw. eingeben.

↳ Der Stern steht für einen beliebigen Dateinamen, gefolgt von der Dateiendung jpg (meist üblich für Fotos).

Im Internet Fotos suchen:

♦ Sie können bei fast jeder Suchmaschine, z.B. www.msn.de, www.yahoo.de, www.google.de… oben statt Text auf Bilder umschalten, dann bei der Schaltfläche „**Suchen**" passende Suchbegriffe wie Flugzeug, Motorrad usw. eingeben.

♦ Wenn Sie ein geeignetes Bild gefunden haben, erst **anklicken**, damit statt dem kleinen Vorschaubild die Webseite mit dem echten Bild geöffnet wird.

↳ Oft wird durch weiteres Anklicken ein noch größeres und detaillierteres Bild geöffnet.

♦ Zum Herunterladen auf dem Bild die **rechte Maustaste** drücken und **Grafik speichern unter** wählen.

↳ Anschließend können Sie angeben, in welchem **Ordner** das Foto gespeichert werden soll.

Suche nach „oldtimer" im www.msn.de:

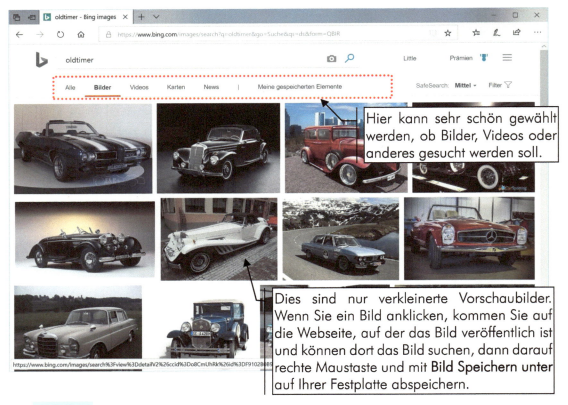

10.3 Bild als Hintergrund

Theoretisch können Sie jedes Foto als Hintergrund verwenden. Jedoch sollte die Auflösung gut genug für das gewählte Druckformat sein und das Foto sollte natürlich wie gewünscht im Hoch- oder Querformat vorliegen.

Damit der Text davor noch gelesen werden kann, ist der Hintergrund wie ein Wasserzeichen **aufzuhellen** oder vor einem dunklen Hintergrund ist heller Text zu verwenden oder der Text ist mit einem Rahmen zu hinterlegen.

Das geht im CorelDRAW mit **Effekte/Anpassen/"Helligkeit/Kontrast/Intensität"**.

Stellen Sie die Übung fertig, indem Sie den Text ergänzen, passende Fotos und einen Hintergrund einfügen:

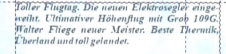

Flug und Spaß

Schönes Wetter am letzten Wochenende. Toller Flugtag. Die neuen Elektrosegler eingeweiht. Ultimativer Höhenflug mit Grob 109G. Walter Fliege neuer Meister. Beste Thermik, Überland und toll gelandet.

Schönes Wetter am letzten dd Wochenende. Toller Flugtag. Die neuen Elektrosegler eingeweiht. Ultimativer Höhenflug mit Grob 109G. Walter Fliege neuer Meister. Beste Thermik, Überland und toll gelandet.

Meisterschaft am Sonntag

Schönes Wetter am letzten Wochenende. Toller Flugtag. Die neuen Elektrosegler eingeweiht. Ultimativer Höhenflug mit Grob 109G. Walter Fliege neuer Meister. Beste Thermik, Überland und toll gelandet.

Schönes Wetter am letzten Wochenende. Toller Flugtag. Die neuen Elektrosegler eingeweiht. Ultimativer Höhenflug mit Grob 109G. Walter Fliege neuer Meister. Beste Thermik, Überland und toll gelandet.

Schönes Wetter am letzten Wochenende.

Toller Flugtag. Die neuen Elektrosegler eingeweiht. Ultimativer Höhenflug mit Grob 109G. Walter Fliege neuer Meister. Beste Thermik, Überland und toll gelandet.

Flugtag in Oberdeckern

Schönes Wetter am letzten Wochenende. Toller Flugtag. Die neuen Elektrosegler eingeweiht. Ultimativer Höhenflug mit Grob 109G. Walter Fliege neuer Meister. Beste Thermik, Überland und toll gelandet.

Schönes Wetter am letzten Wochenende. Toller Flugtag. Die neuen Elektrosegler eingeweiht. Ultimativer Höhenflug mit Grob 109G. Walter Fliege neuer Meister. Beste Thermik, Überland und toll gelandet.

Schönes Wetter am letzten Wochenende. Toller Flugtag. Die neuen Elektrosegler eingeweiht. Ultimativer Höhenflug mit Grob 109G. Walter Fliege neuer Meister. Beste Thermik, Überland und toll gelandet.

Schönes Wetter am letzten Wochenende. Toller Flugtag. Die neuen Elektrosegler eingeweiht. Ultimativer Höhenflug mit Grob 109G. Walter Fliege neuer Meister. Beste Thermik, Überland und toll gelandet.

Familientag

Schönes Wetter am letzten Wochenende. Toller Flugtag. Die neuen Elektrosegler eingeweiht.

Suchen Sie im Internet, auf Ihrer Festplatte oder der Corel-DVD nach geeigneten Fotos und setzten Sie einige wie dieses Flugzeug in den Text:
anordnen, dann darauf die **rechte** Maustaste-Mengentext umbrechen. Beschreibung folgt.
Als Hintergrund wurde hier bei der Farbfüllung **Wolken Mittag** das dunkle blau durch ein helleres ersetzt.

10.3.1 Als Wasserzeichen

- ◆ Mit der **rechten Maustaste/Anordnung/nach hinten...** können Sie ein Bild wie ein Wasserzeichen hinter den Text setzen.

- ◆ Anschließend mit **Effekte/Anpassen/"Helligkeit/Kontrast/Intensität"** die Helligkeit erhöhen sowie den Kontrast herabsetzen.   [Strg]-B

  ↳ Die optimalen Werte können nur durch Ausprobieren anhand einiger Probeausdrucke ermittelt werden.

10.4 Textfluss um Grafik

Wenn Sie ein Bild gefunden und in Ihrer Zeichnung eingefügt haben, gilt es, dieses anzuordnen und ggf. in der Größe anzupassen.

10.4.1 Zum Einfügen

Bilder aus dem **Internet** am besten zunächst auf Ihrer Festplatte in einem Ordner für Fotos speichern (rechte Maustaste auf dem Bild, dann Speichern).

Bei Bildern von einer **Foto-DVD** ist dies nicht unbedingt erforderlich, weil das Foto in dem CorelDRAW-Projekt noch einmal gespeichert wird. Nur wenn Sie das Foto öfter verwenden wollen, können Sie sich die Sucharbeit auf den CDs, bzw. DVDs sparen und das Foto auf der Festplatte speichern.

Bei den heutigen Festplattengrößen ist das kein Problem mehr und wenn Sie die Fotos in passende Ordner wie z.B. C:\Fotos\Flugzeuge ablegen, finden Sie später alles sehr leicht.

Ergänzen Sie ein zweites Foto aus dem Web:

10.4.2 Bildgröße und Lage

- ◆ Wenn Sie Bilder in der **Größe ändern**, sollten Sie dies immer an dem Anfasser am **Eck** erledigen, damit nicht das Verhältnis Höhe zu Breite verändert wird.

  ↳ Ist dies doch passiert, rückgängig oder ggf. das Bild löschen und neu einfügen.

◆ Hier wollen wir den schwarzen Keil am oberen Rand wegschneiden, bzw. bei Ihrem Foto etwas vom Himmel. Das geht mit dem Form-Werkzeug.

Foto markieren, dann **Form-Werkzeug** wählen und beide Anfasser bei **gedrückter [Umschalt]-Taste** zugleich markieren, damit die obere Kante waagerecht bleibt und den oberen Rand wegschneiden.

➢ Wenn das Bild in Ordnung ist, wieder mit dem **Auswahlpfeil** am Eckpunkt auf **Spaltenbreite** vergrößern.

◆ Oft gibt es vom Text oder Format Vorgaben, die eine vorgegebene Bildhöhe oder -breite bewirken.

 ↳ Das Bild auf keinem Fall einfach höher oder breiter ziehen, da dann das Verhältnis **Höhe/Breite** verfälscht wird, sondern mit dem Form-Werkzeug modifizieren.

 ↳ Bei fast jedem Foto gibt es wie hier oben einen Himmel oder unten den Teerbereich, der ohne große Nachteile verkürzt werden könnte.

◆ Sie können bei gewähltem **Form-Werkzeug** auch während dem Ziehen mit der Maus mit **[Strg]-y** das **Gitter** ein- oder ausschalten,

 ↳ bei gedrückter **[Strg]-Taste** geht es nur **waagerecht** oder **senkrecht**, so dass exakt verschoben werden kann.

◆ Alternativ kann auch das Hilfsmittel **Beschneiden** verwendet werden. Mit diesem ist ein Rahmen zu ziehen, der den Bildteil enthält, welcher erhalten bleiben soll.

10.4.3 Textfluss aktivieren

Wenn die Bildgröße passt, sollte der Text nicht mehr hinter dem Bild weiter fließen, sondern davor auf die nächste Seite umbrechen.

➢ Drücken Sie auf dem Bild die **rechte Maustaste**, dann den „**Mengentext umbrechen**" einschalten.

Natürlich können Sie ein Bild mit Textfluss auch drehen.
Der Text fließt dann automatisch außen herum.

71

10.5 Mengentext drehen

Nicht nur Bilder, auch Mengentext kann gedreht werden. Auf einer zweiten Seite wollen wir noch am Ende eine Antwortkarte zum Ausschneiden ergänzen:

➢ In der rechten Spalte den Mengentextrahmen verkürzen, ggf. Text löschen oder eine kleinere Schrift wählen (im Stil speichern!).

➢ Schreiben Sie zunächst im leeren Randbereich die Adresse in einen **neuen Mengentextrahmen** mit der Anschrift:

Diesen Text **drehen** *wir um 90°:*

➢ **Zweimal** mit dem Auswahlwerkzeug den Mengentextrahmen anklicken,

➢ dann können Sie einen Mengentextrahmen einschließlich dem enthaltenen Text wie ein Rechteck **drehen**.

 ↳ Bei gedrückter **[Strg]-Taste** geht es genau um **90°**.

Sie sehen: auch Mengentexte können beliebig gedreht werden. Wir brauchen nun noch Linien, damit der Kunde seine Anschrift eintragen kann:

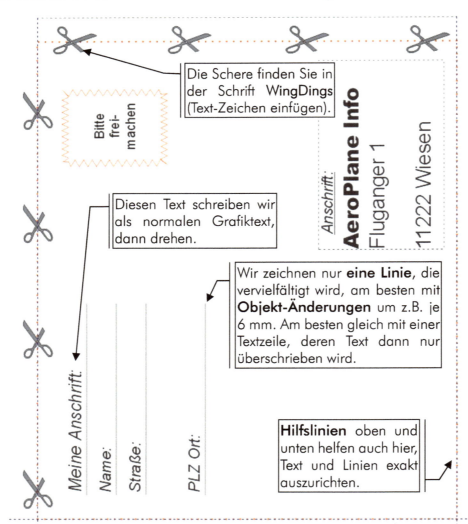

Die Schere finden Sie in der Schrift **WingDings** (Text-Zeichen einfügen).

Diesen Text schreiben wir als normalen Grafiktext, dann drehen.

Wir zeichnen nur **eine Linie**, die vervielfältigt wird, am besten mit **Objekt-Änderungen** um z.B. je 6 mm. Am besten gleich mit einer Textzeile, deren Text dann nur überschrieben wird.

Hilfslinien oben und unten helfen auch hier, Text und Linien exakt auszurichten.

10.5.1 Die Absenderadresse mit Linien

Die kleinen Details sind besonders schwierig, jedoch nicht mehr mit den richtigen Zeichentechniken.

Die Linien:

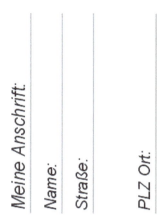

> Eine **senkrechte Linie** bei gedrückter [Strg]-Taste zeichnen, erste Textzeile schreiben, drehen und anordnen, dann beides markieren und

> **Fenster/Andockfenster/Ändern** wählen.

> Mit „Kopien: 4" können Sie die Linie und den Text exakt um ca. 6 mm horizontal versetzt **kopieren**, dann einfach eine Linie vor PLZ löschen.

Diese Funktion ist besonders praktisch, da Sie die Linien mehrfach ganz exakt verschieben und kopieren können.

Bei dem x für horizontal 6 mm eintragen, dann unten die gewünschte Anzahl an Kopien eintragen.

Der günstigste Wert kann durch Ausprobieren ermittelt werden:

- verschieben, dann anschauen,
- ggf. rückgängig und mit anderen Werten noch einmal durchführen.

Den Text:

> Wenn wir den Text gleich mit der Linie mit kopieren, sparen wir uns Arbeit. Die Texte sind dann nur passend zu überschreiben.

> Eine kleine Hilfe, da sich senkrechter Text schwer ändern lässt: anklicken und mit **[Strg]-[Umschalt]-t** das Textmenü aufrufen.

> ↳ In diesem Textmenü die Texte passend mit „Name:" usw. überschreiben.

> Wenn fertig, alles **gruppieren** und anordnen.

73

10.5.2 Platzhalter für die Briefmarke

Sie könnten natürlich suchen, ob es ein passendes ClipArt gibt, z.B. einen Rahmen. Aber wenn wir selbst zeichnen, lernen wir etwas dabei.

Eine Möglichkeit, den Platzhalter für die Briefmarke zu erstellen:

➢ Zeichnen Sie ein Rechteck, dann dafür eine rote **gepunktete Linie** einstellen: rechte Maustaste darauf, dann **Eigenschaften**.

➢ Dann den Text schreiben, klein und zentriert formatieren und in die Mitte des Rahmens schieben.

*Das Zackenmuster könnten Sie mit dem Effekt „Verzerren"
erstellen (bei Schatten in der Hilfsmittelpalette).*

➢ Rechteck anklicken und die Werte in der Eigenschaftsleiste anpassen, bis die Zacken wie gewünscht aussehen:

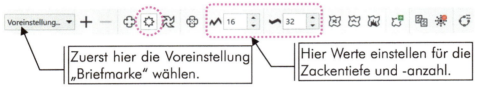

| Zuerst hier die Voreinstellung „Briefmarke" wählen. | Hier Werte einstellen für die Zackentiefe und -anzahl. |

➢ Abschließend wie immer **gruppieren** und dann erst um **90° drehen** und an der Position für die Briefmarke anordnen.

10.5.3 Die Ausschneidemarkierung

➢ Für die Markierung wird ein **Rechteck** gezeichnet, dem eine gepunktete Linie zugewiesen wird.

➢ Die **Schere** mit „Text/Glyphen" aus der Bildschrift **Wingdings** einfügen, passend verkleinern, farbig einstellen und dann mehrfach entlang der Linie kopieren.

   ↳ Wenn Sie beim Kopieren die **[Strg]-Taste** gedrückt halten, lässt sich die **Schere** nur horizontal oder vertikal verschieben und dabei kopieren.

   ↳ Oder auch wieder mit dem praktischen Menü **Fenster/Andockfenster/Ändern**.

[Strg]-F11

Ganz am Ende wird natürlich die ganze Postkarte gruppiert und könnte damit später auch in anderen Projekten verwendet werden.

> Praktischere Alternative: komplette Postkarte zunächst waagerecht im Seitenrand oder einer neuen Zeichnung erstellen und erst nach dem Gruppieren drehen und einpassen.
>
> Bei **gedrückter [Strg]-Taste** können Sie einzelne Objekte aus einer Gruppierung wählen, ohne die Gruppierung aufheben zu müssen.

74

Vierter Teil

Druck

Druck und Drucker, Verfahren, Einstellungen, Exportieren, Internet

---

Symbole anders angeordnet?
Fenster-Arbeitsbereich-
Standard

11. Über die Druckmöglichkeiten

Für professionelle Anwendung sollten Sie sich auch mit den Möglichkeiten des Ausdrucks auskennen. Darum ein kurzer Überblick, wobei für Grafikarbeiten natürlich keine Schwarz-Weiß-Drucker in Frage kommen.

11.1 PC-Drucker

♦ An Ihrem PC wird üblicherweise ein **Farb-Tintenstrahldrucker** angeschlossen sein. Diese liefern zwar Fotoqualität, jedoch nur auf teurem Glossy-Papier mit den damit verbundenen hohen Kosten pro Seite.

    ✍ Außerdem sind Tintenstrahldrucker meist bei hoher Qualität langsam, die Tinte ist in der Regel nicht wasserfest und verschmiert leicht.

    ✍ Die Qualität reicht keineswegs für geschäftliche Präsentationsaufgaben oder Werbung!

♦ Gute **Farblaser** liefern zwar ausreichende Druckqualität, jedoch ist der Preis pro Seite deutlich höher anzusiedeln als bei Tintenstrahldruckern: bis zu 1 Euro je Seite. Zwar ist kein Spezialpapier erforderlich, doch sind die Tonerkosten sehr hoch. Und wenn viel gedruckt werden würde, kämmen noch teure Reparaturen und Ersatzteile hinzu.

    ✍ Die Geschwindigkeit ist höher als bei Tintenstrahldruckern.

    ✍ Für geschäftliche Dokumente bei kleinen Stückzahlen schon geeignet, wenn es nicht die höchste Qualität sein muss.

♦ **Sublimationsdrucker** sind für die Spezialanwendungen, den Druck auf Kleidung, Tassen, Folien, Schilder usw. geeignet.

♦ **Rollen-Plotter** verwenden meist das gleiche Druckprinzip wie Tintenstrahldrucker, nur das je nach Modell bis zu DIN A1-Papier auf einer großen Rolle eingelegt werden kann.

    ✍ Dementsprechend große und teure Geräte und nach einem großen Blatt in Farbe können durchaus bereits die Tintenpatronen leer sein.

    ✍ Für Plakate in geringen Stückzahlen eine Herstellungsalternative, die auch in Druckereien für Kleinaufträge eingesetzt wird.

11.2 Offset-Druck

Wenn Sie professionelle Qualität in Farbe wünschen, ist der Weg zu einer Druckerei unumgänglich. Dort wird meist im sogenannten **Offset-Druckverfahren** gedruckt, d.h. es wird zuerst pro Grundfarbe ein Film belichtet, mit diesem werden die vier Druckfolien erstellt und anschließend gedruckt.

- Ein Satz- oder **Belichtungsstudio** stellt solche Druckfolien her. Mit den Filmen werden dann meist Platten aus Aluminium für den Druck erstellt.

11.2.1 Über den Farbdruck

- Beim Farbdruck werden aus den vier Grundfarben **CMYK** für Cyan, Magenta, Yellow und Black alle anderen Farben gemischt.
  - Beim Offsetdruckverfahren wird für jede Grundfarbe eine Folie erstellt, daraus eine Druckplatte, was mit umfangreichen Vorarbeiten verbunden und deshalb nur bei größeren Stückzahlen rentabel ist.
  - Im Corel (nicht in der Home & Student Version) können in der Druckvorschau solche „**Farbauszüge**" erstellt werden (s. S. 82).

> Zuerst ist der Satz im Computer vorzubereiten, dann müssen Folien belichtet werden, von diesen die Druckplatten – beim Vierfarbdruck je Grundfarbe eine – anschließend sind die Druckplatten auf der Druckmaschine einzurichten und nach dem Druck sind die gedruckten Bögen zuzuschneiden und die einzelnen Seiten zu binden.

Übrigens arbeitet so gut wie jeder Farbdrucker nach diesem CMYK-Farbmodell, auch Ihr Tintenstrahldrucker.

- Zwischen Schwarz-Weiß und dem Vierfarbdruck gibt es den **Zweifarbdruck**, meist schwarz und eine Schmuckfarbe, wobei aber auch alle Zwischenfarben und Schattierungen möglich sind.
  - Bei einem Zweifarbdruck mit blauem Text und gelber Schmuckfarbe könnten Sie auch noch hellblau oder gelb und blau gemischt, also grün, drucken.

11.3 Digitaler Druck und Papierdruck

- Bei dem sogenannten **digitalen Druck** wird direkt vom PC aus auf große „Farblaser" oder die oben beschriebenen Rollenplotter ausgedruckt. Durch den geringen Vorbereitungsaufwand für kleine Auflagen interessant, die Druckkosten pro Seite sind jedoch höher.
- Neben dem Digitaldruck und dem Offsetdruck gibt es noch den **Papierdruck** für Schwarz-Weiß-Vorlagen.
  - Hier wird ähnlich wie beim Kopieren gearbeitet, weshalb zwar die Vorbereitungszeit wie beim Digitaldruck entfällt, die Qualität jedoch nicht besser wird als die Vorlage und deshalb nur für Textausdrucke mit geringen Qualitätsansprüchen ausreicht, z.B. Doktorarbeiten.

In den Corel-Einstellmenüs finden Sie einige Fachbegriffe, die im Folgenden kurz erläutert werden sollten.

11.4 Voreinstellungen zum Drucken

♦ **Druckbarer Bereich**: denken Sie daran, dass viele PC-Drucker nicht bis zum Blattrand drucken können. Unten ist der nichtdruckbare Bereich am größten, da das Blatt noch mit den Walzen festgehalten werden muss.

    ✎ Im Handbuch eines jeden Druckers finden Sie Angaben zu dem maximal druckbaren Bereich, übliche **Tintenstrahldrucker** können meist außen ca. 5 mm und unten ca.15 mm nicht bedrucken.

    ✎ **Laserdrucker** können dagegen meist bis zum Rand drucken.

    ✎ In einer **Druckerei** wird auf viel größeres Papier gedruckt (**Druckbogen**, oft A1), anschließend werden die Seiten geschnitten. So sind in einem Durchgang z.B. 16 DIN A4- oder 32 DIN A5-Seiten auf einem DIN A1-Druckbogen erstellt.

Seitenrahmen und Randanschnittbereich:

♦ Bei Layout/Seitengröße können Sie mit „**Seitenrahmen hinzufügen**" einen rechteckigen Rahmen genauso groß wie das Papierformat ergänzen, der anschließend farbig gefüllt werden könnte. Einfacher: Rechteck manuell so groß wie das Papierformat zeichnen.

♦ Ebenfalls bei Layout/Seitengröße können Sie den **Randanschnittbereich** einblenden: weil in einer Druckerei sowieso auf größeres Papier gedruckt und anschließend die Seite zugeschnitten wird, werden Bilder oder Hintergrundrahmen etwas über den Rand hinaus gezeichnet.

    ✎ Dann kann leichter **zugeschnitten** werden, denn es muss nicht exakt am Rand geschnitten werden.

Bei Extras/Optionen/Global/Drucken finden Sie:

♦ alle weiteren Einstellungen für den Drucker und die Druckausgabe zusammengefasst. Einige interessante werden kurz vorgestellt.

    ✎ Hier können Sie diverse **Warnungen** einstellen, z.B. eine Meldung im Druckermenü auf der letzten Karteikarte, z.B. wenn Schriften kleiner als 7 Punkte oder mehr als 10 verschiedene Schriftarten verwendet werden.

    ✎ Ganz unten könnten Sie die **Druckauflösung** für Bilder wählen (Auf Bitmap Auflösung rendern). Bilder niedriger Auflösung können damit jedoch nicht verbessert werden.

11.4.1 Bildauflösung

♦ CorelDRAW speichert Fotos intern inzwischen im JP2-Format (jpeg2000). Damit werden die Bilder um etwa den Faktor 10 komprimiert, was nicht unbedingt einen Qualitätsverlust, aber gelegentlich leichte Änderungen der Pixelmuster ergibt.

    ✎ Diese Komprimierung könnten Sie bei **Layout/Dokumentoptionen/Speichern** abschalten: Bitmap-Komprimierung verwenden. Für viele professionelle Grafiker eine wichtige Einstellung, da diese keinen Qualitätsverlust durch die Komprimierung wünschen.

Weiter zur **Druckvorschau**, die eine sehr große Hilfe gegen verdruckte Seiten darstellt.

79

12. Einstellungen beim Drucken

Mit **Datei/Drucken**, dem Symbol oder [Strg]-p gelangen Sie ins Druckmenü.

12.1 Karteikarte Allgemein

- Beidem **Zahnrad-Symbol** können Sie Ihren Drucker einstellen, z.B. Glossy-Papier für Ausdrucke in höchster Qualität angeben.

- PPD verwenden (bei Home & Student deaktiviert): **Postscript-Printer-Definitionsdatei**, solch eine Datei ist anschließend auszuwählen.

- **In Datei drucken** (nicht bei Home & Student): der Ausdruck wird nicht zum Drucker geschickt, sondern in eine Datei gespeichert.

  - ↳ Der Verwendungszweck besteht hauptsächlich darin, der Druckerei eine Druckdatei zu schicken, damit wirklich alle Einstellungen unverändert ausgedruckt werden können.

  - ↳ Das funktioniert jedoch nur, wenn Sie einen sogenannten **Postscript-Drucker** haben und damit eine Postscript-Datei erzeugen können. Postscript ist eine standardisierte Druckersprache, so dass die Druckdatei auf einem Postscript-Laserdrucker genauso wie auf einem Postscript-Belichtungsgerät ausgegeben werden kann.

  - ↳ Nachteile: die Druckerei hat keine Korrekturmöglichkeiten und die Postscript-Druckdateien sind verhältnismäßig groß. Darum gibt es bei dem kleinen Pfeil neben der Schaltfläche die Möglichkeit, **je Seite** eine eigene Druckdatei erstellen zu lassen.   ☑ In Datei drucken ▶

- Falls Sie **mehrere identische Exemplare** ausdrucken wollen, können Sie im Windows im „Geräte und Druckermenü":

  - ↳ auf den Drucker die **rechte Maustaste/Druckereigenschaften**,

  - ↳ dort auf der Karteikarte Erweitert „Druckaufträge nach dem Drucken **nicht löschen**" ankreuzen.

  - ↳ Dann können Sie diesen Druckauftrag aus dem Druckermenü jederzeit mit der rechten Maustaste neu starten.

- Bei **Druckbereich** wählen, was gedruckt werden soll. Seiten mit Strichpunkt, z.B. 1;3;8 oder Bereiche mit Bindestrich: 10-25 angeben.

- **Beidseitiger Druck**: falls der Drucker keine Wendeeinheit besitzt, können Sie manuell auf beide Seiten drucken:

  - ↳ zuerst nur die **geraden Seiten**, dann Papier andersherum einlegen und die ungeraden Seiten drucken.

  - ↳ Zusätzlich ist bei einem Durchgang die Druckreihenfolge zu ändern, was bei manchen Druckern bei Eigenschaften möglich ist.

Postscript

81

12.2 Layout und Druckvorschau

Hier können Sie die Größe des Ausdrucks festlegen.

♦ „Wie im Dokument" = mit 1:1 Größe ausdrucken; „Auf Seite einpassen"
druckt so groß wie maximal auf dem Papier möglich; „Bilder neu positi-
onieren auf": in der Schaltfläche z.B. links unten wählen, damit kleinere
Bilder im linken, unteren Eck angeordnet werden.

♦ **Gekachelte Seiten**: vergrößert auf mehrere Blätter ausdrucken, die anschließend zusammengeklebt werden können. Einschalten, Kachelzahl
vorgeben und dann den Skalierungsfaktor passend wählen.

▶ *Beachten Sie die Druckvorschau:*

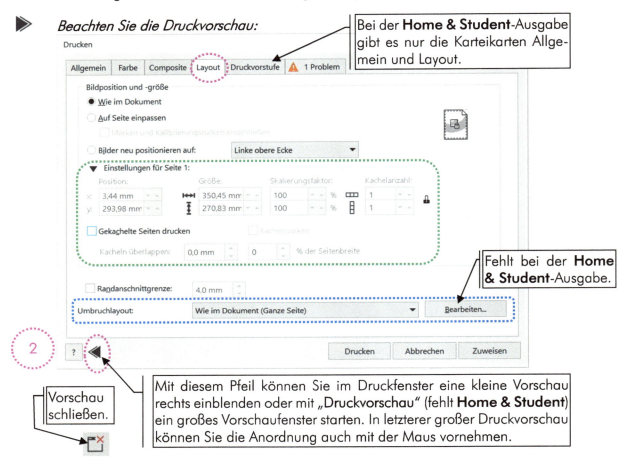

Visitenkarten oder andere kleinere Drucksachen mehrmals auf ein größeres
Blatt drucken kann folgendermaßen aktiviert werden:

♦ Bei **Umbruchlayout** können Sie aus der Abrollliste z.B. 4x3 wählen, um
4 Spalten und 3 Zeilen zu drucken, anschließend kann bei **Bearbeiten**
in der Druckvorschau eingestellt werden:

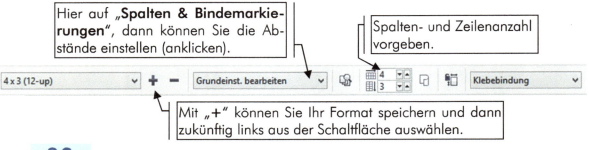

Eine einfache Methode ist es, die Spalten und Zeilen durch **Hilfslinien** vorzugeben und vor dem Ausdruck die erste, fertige Visitenkarte in die anderen Zellen zu kopieren. Das ist zwar Handarbeit, dafür aber übersichtlich und funktioniert immer.

12.3 Druckvorstufe, Farbe und Auszüge

Diese Karteikarten gehören zusammen, da Sie Funktionen für die Druckvorbereitung beim Offsetdruck (Folienherstellung) beinhalten.

Diese Funktionen sind bei der Home & Student Ausgabe, gedacht für private Nutzung, deaktiviert!

Da im Offset-Druckverfahren alle vier Grundfarben nacheinander gedruckt werden, sind vier Folien für **cyan, magenta, yellow und black** zunächst anzufertigen, von denen vier Druckplatten hergestellt werden. Auf jede Folie wird dabei nicht farbig, sondern schwarz gedruckt. Erst in der Druckmaschine wird die entsprechende Farbe aufgedruckt.

Solche Folien oder Farbauszüge, z.B. zur Überprüfung vor Weitergabe der Datei an ein Belichtungsstudio, können Sie im Corel anfertigen:

- ♦ Auf der Karteikarte **Farbe** ist oben statt Composite (alle Farben) auf „**Auszüge drucken**" umzuschalten.

- ♦ Dann können Sie auf der Karteikarte **Auszüge** entweder alle vier Farbauszüge drucken oder mittels der Häkchen die zu druckende Farbe auswählen.

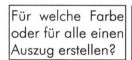

Für welche Farbe oder für alle einen Auszug erstellen?

Beachten Sie die Vorschau, bei der nun für jede Farbe eine Seite angezeigt wird, die schwarz gedruckt würde, außer wenn Sie „Auszüge farbig drucken" ankreuzen würden.

Zum Überdrucken:

Es sollten keine hellen Farben über dunklerem Hintergrund gedruckt werden, da es dann zu Farbverfälschungen kommt. „Schwarz immer überdrucken": schwarz kann natürlich bedenkenlos über andere Farben gedruckt werden, d.h. helle Farben müssen nicht ausgespart werden, wenn dort auch schwarz gedruckt wird.

12.3.1 Karteikarte Druckvorstufe

Damit beim späteren Belichten (= von der Folie wird eine Druckplatte je Farbe erstellt) möglichst keine Verzerrungen auftreten, wird **spiegelverkehrt** gedruckt, so dass der Film mit der bedruckten Seite direkt auf die Druckplatte aufgelegt werden kann. Sonst müsste das Licht noch durch die ca. 0,1mm dicke Folie hindurch bis zur Druckplatte und würde dabei leicht abgelenkt, was die Schärfe der Ränder negativ beeinflussen würde.

Einen **spiegelverkehrten Ausdruck** können Sie auf der Karteikarte „**Druckvorstufe**" veranlassen.

Sie könnten mit einem guten SW-Laserdrucker die Filme selbst erstellen, entsprechende **Folien** sind im Druckerei-Fachhandel erhältlich. Diese Folie wird anschließend auf die Druckplatte aufgelegt, durch **Belichtung** wird das Druckbild übertragen.

Für preiswerten Broschüren- oder Formulardruck z.B. einer Firmen-Hausdruckerei oder eines Vereins geeignet, weil die üblichen Drucker natürlich nicht die Qualität von professionellen Belichtungsmaschinen aufweisen. Für perfekte Ergebnisse geben Sie besser die Corel-Datei und alle weiteren verwendeten Materialien in die Druckerei.

- ◆ **Registermarkierungen** helfen, die Folien für die Plattenerstellung auszurichten. Wenn genügend Platz am Rand vorhanden ist, diese mitdrucken.

- ◆ Die **Schneide/Faltmarkierungen** geben die Randbereiche des bedruckten Bereichs an, so dass damit die leeren Blattränder leichter weggeschnitten werden könnten.

   ↳ Bei beiden obigen Optionen müssen Sie unten links „**Markierung zu Objekten**" ankreuzen, damit die Markierungen sichtbar sind.

- ◆ Ein **Farbkalibrierungsbalken** wird im Randbereich gedruckt und enthält die sechs Grundfarben rot, grün, blau, gelb, cyan und magenta und soll bei der Farbabstimmung helfen.

  ↳ **Densitometerskala**: ein Balken zum Kalibrieren mit den Grautönen und Grundfarben (C,M,Y).

84

12.4 Karteikarte Probleme

Hier werden mögliche Druckprobleme gemeldet, zum Teil sind dies jedoch harmlose Hinweise, z.B. **Warnmeldungen**, die Sie bei Extras/Optionen/Global/Drucken (s. S. 79) ändern könnten.

Beachten Sie immer die **Vorschau**. Auf die Vorschau ist Verlass!

12.5 Druckstil speichern

Wenn Sie einiges im Druckermenü eingestellt haben, könnten Sie auf der ersten Karteikarte „Allgemein" bei **Druckstil** mit „**Speichern unter**" diese Werte speichern, z.B. eine Einstellung für Farbauszüge auf Folien und eine für Endausdrucke auf Glossy-Papier.

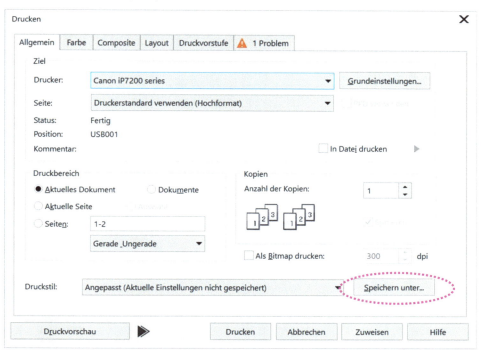

13. Exportieren, HTML, PDF

In diesem Kapitel werden wir uns etwas damit befassen, wie Ihre Arbeiten zu einer Druckerei oder einem Satzstudio oder ins Internet gelangen könnten. Dabei ist es manchmal erforderlich, Zeichnungen in andere Dateiformate zu exportieren. Doch zunächst etwas über den Transport.

13.1 Transport zur Druckerei

Egal, ob Sie Ihre Arbeit per Email-Anhang an die Druckerei übermitteln oder auf CD, bzw. DVD weitergeben, Sie sollten dabei nicht nur die eigentliche Corel-Datei kopieren, sondern alles Verwendete zusammenstellen.

- ◆ Praktisch ist es hierzu, alle verwendeten Bilder und Schriften von vornherein in einen **Projektordner** zu kopieren.
  - ↳ So ist immer alles zusammen, kann leicht für das Satzstudio kopiert oder gesichert werden und kann dadurch auch nach Jahren noch verwendet werden.
  - ↳ Kopieren Sie hierhin nicht nur die Zeichnung, sondern separat alle verwendeten Elemente: ClipArts, Fotos, verwendete Schriften und Farbprofile.
  - ↳ Die Schriftarten sollten kopiert werden, denn selbst Schriften mit gleichem Namen fallen manchmal etwas anders aus, je nachdem, von welchem Hersteller diese stammen, oder bestimmte Schriften fehlen bei einer späteren Corel/Windows-Version, so dass das Projekt erneut mit einer anderen Schrift bearbeitet werden müsste.
- ◆ Die beste Methode ist es, nicht nur die Original-Corel-Datei weiterzugeben, sondern zusätzlich alle verwendeten Elemente im Original.
  - ↳ Somit kann die Druckerei ggf. korrigierend eingreifen kann, falls z.B. ein Foto anders angeordnet oder belichtet werden soll.
- ◆ Am Ende können Sie hieraus auch einen **zip-komprimierten Ordner** erstellen, damit wäre die Weitergabe per **Email** problemlos.

> Falls das Satzstudio nicht die gleiche Version verwendet, können Sie bei **Datei/Speichern unter** im Format einer älteren CorelDRAW-Ausgabe speichern.

13.2 Dokument-Info

Solch eine abschließende Zusammenstellung können Sie gleich auch für sich selbst als **Sicherungskopie** aufbewahren. So umgehen Sie evtl. Probleme, wenn Sie einige Jahre später dieses Projekt noch einmal aufrufen möchten, aber eine verwendete **Schriftart** nicht mehr auf Ihrem Rechner installiert ist. Um dieses Problem zu beseitigen, gibt es noch folgende Möglichkeiten:

- ◆ Sie können bei **Datei/Dokumenteigenschaften** in der Liste die im Dokument verwendeten Schriften einsehen.

  - ↳ Hier können Sie auch Informationen wie Titel, Autor oder Copyright oder Stichwörter ergänzen.

  - ↳ Wenn Sie Schriftarten manuell in den Projektordner kopieren wollen, finden Sie diese im **Windows Explorer bei** C:\Windows\Fonts. Schriftarten markieren, kopieren und in dem Projektordner einfügen.

- ◆ Im Windows herrscht Schriften-Chaos. Es sind Hunderte von Schriften vorhanden, im Nachhinein eine identische zu finden wird damit praktisch unmöglich.

  - ↳ Im Profibereich werden sogenannte **Postscript-Schriften** verwendet, auch als type 1-Schriften bekannt. Alle CorelDRAW-Schriften sind auch in diesem Format auf der DVD/im Web vorhanden.

  - ↳ **Type 1** Schriften gibt es meist nicht umsonst, dafür kann das Druckstudio, wenn der Name bekannt ist, exakt die gleiche Schrift verwenden. Erhältlich z.B. bei der Firma **Linotype** (www.linotype.de).

Bei einem Firmenlogo soll die Schrift immer identisch nachdruckbar sein, aber auch wenn Sie später eine Arbeit als Vorlage für ein ähnliches neues Projekt verwenden wollen, erfordert es unnötige Arbeit, wenn eine Schrift nicht mehr auf Ihrem Rechner vorhanden ist.

13.3 Exportieren

13.3.1 In andere Formate

Mit „Datei/Speichern unter" können Sie in zahlreiche **Dateiformate** exportieren, unter anderem in das **Adobe Illustrator-Format** (ai).

- ◆ Nicht alle **Import-/Exportfilter** werden bei der CorelDRAW-Installation geladen. Weitere können im Setup nachinstalliert werden.
- ◆ Wenn vorher Elemente **markiert** wurden, können nur diese exportiert werden (Option „nur markierte Objekte" ankreuzen).
- ◆ Sie sollten **Vektor**-Dateien möglichst nie in **Pixel**-Formate umwandeln, da dies ein Qualitätsverlust wäre.

13.3.2 Als PDF für den Adobe Acrobat Reader

Gerade das Schriftenproblem führt dazu, dass erstellte Dokumente auf anderen Rechnern möglicherweise chaotisch aussehen, da die ganze Formatierung durcheinander gewürfelt wird.

Die meisten Programme besitzt zwar alle möglichen **Import- und Exportfilter,** jedoch werden meist nur Standardelemente richtig übernommen, bei komplizierteren Funktionen kommt es oft zu Konvertierungsfehlern.

Die Firma **Adobe** hat darum ein Programm entwickelt, um Dateien zu erstellen, die auf jedem Rechner so wie ursprünglich eingestellt angezeigt werden können. Das funktioniert nach diesem Prinzip:

- ♦ Das Programm **Adobe Acrobat** kaufen Firmen (Programme mit ähnlichen Funktionen sind auch als Freeware erhältlich), die Texte in dem PDF-Format erstellen wollen, die dann auf jedem Rechner

- ♦ mit dem im Internet kostenlos erhältlichen Programm **Adobe Acrobat Reader** (www.adobe.de) geöffnet werden können. Darum ist auf Treiber-DVDs die Anleitung meist in diesem PDF-Format beigegeben.

Im CorelDRAW können Sie folgendermaßen in PDF exportieren:

- ♦ Symbol oder **Datei/Als PDF freigeben,** in dem Menü das Ziel (Laufwerk, Ordner, Dateiname) angeben.

Das Exportmenü für PDF mit der wichtigen Qualitäts-Voreinstellung:

Links den gewünschten Zielordner wählen, entweder online oder auf einem Ihrer lokalen Laufwerke unter „Dieser PC". Unten ist eine wichtige Schaltfläche, bei der die Ausgabequalität gewählt werden kann.

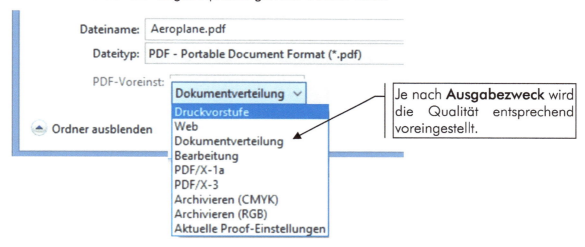

13.4 Andere Exportmöglichkeiten

- ♦ Mit **Datei/Exportieren für/Office** können Sie in das **PNG** (Portable Network Grafic) umwandeln, um die Dateien in Office optimal verwenden zu können. Je nach Optimierungsmethode verändert sich die Dateigröße und Auflösung.

  - ↳ Hier kann auch zu Web oder WordPress exportiert werden. Die Option **Web** speichert dabei in das jpg-Format, WordPress in das gif-Format. WordPress ist ein kostenloses Programm, um Web-Blogs und Webseiten zu erstellen. Im jeweils erscheinenden Menü kann nochmals zwischen **gif, jpg or png** gewählt werden.

  - ↳ Alternativen, wenn Sie eine Corel-Zeichnung in einem Office-Programm verwenden wollen: mit **Datei/Speichern unter** in das wmf-Format exportieren oder mit **Corel Capture** ein Foto von der Zeichnung am Bildschirm im jpg-Format erstellen.

13.5 Seitensortierung

Diese Funktion erleichtert es in der Druckvorbereitung, die Seiten für den Ausdruck auf einem großen Druckbogen in der **richtigen Reihenfolge** zusammenzustellen.

> ➢ Wählen Sie **Ansicht/Seitensortierungsansicht**:

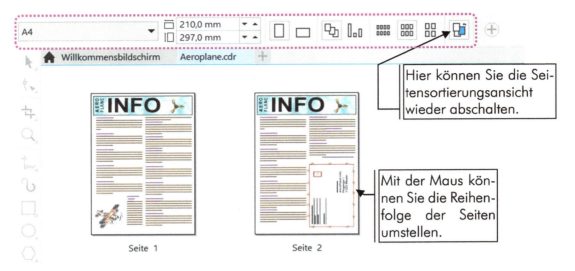

> Hier können Sie die Seitensortierungsansicht wieder abschalten.

> Mit der Maus können Sie die Reihenfolge der Seiten umstellen.

- ◆ Die übersichtlichste Methode ist es, die Seiten im Corel bereits so zu zeichnen, wie diese anschließend gedruckt werden sollen, z.B. zwei DIN A5 Seiten auf einer DIN A4-Seite für ein geklammertes Heft.

  - ✎ Alternative: manuelle Seitensortierung im Druckmenü, z.B. zuerst alle geraden Seiten oder Angabe: 1;3;5 usw.

- ◆ In der Seitensortierung können Sie auch das **Papierformat** einstellen, für alle Seiten gleich oder jede Seite individuell (rechtes Symbol):

14. Webelemente mit Corel

14.1 Übersicht

Es gibt im CorelDRAW mehrere Methoden und Werkzeuge, um Objekte oder Seiten für das Internet tauglich zu machen. Diese werden wir uns anhand einer kurzen Übung anschauen.

♦ **Datei/Exportieren für/Web** erstellt aus dem Projekt eine Bilddatei, wobei das Format und die Qualität gewählt werden kann: gif, jpg oder png mit jeweils verschiedenen Auflösungen (s. S. 89).

↳ Damit ist zwar sichergestellt, dass es nicht zu Verschiebungen kommt, doch entsteht ein Pixelbild.

↳ Anschließend könnten Sie die Datei mit einem **ftp-Programm**, z.B. FileZilla, zu Ihrem Webspace hochladen.

♦ Empfehlenswerter ist es, **Internet-Seiten** in einem dafür vorgesehenen Programm zu erstellen, da diese in der Regel Hyperlinks automatisch aktualisieren können.

↳ Im CorelDRAW können **einzelne Elemente** wie Logos, Schaltflächen usw. gezeichnet werden, als png oder jpg exportiert und dann in die Webseiten integriert werden.

↳ Webseiten-Programme bieten einfachere Möglichkeiten, Webseiten zu erstellen, mit Hyperlinks zu versehen und diese zu verwalten.

PNG

↳ Gezeichnete Vektor-Elemente sollten Sie fürs Web in **PNG** (Portable Network Grafik) konvertieren, ein universelles Format für den Dateiaustausch. Die Originale unbedingt auch speichern, da PNG Pixelgrafiken erstellt.

↳ Fotos sollten im **JPG**-Format verwendet werden, welches den Standard für Internet-Bilder wegen der guten Komprimierung bildet.

↳ Gezeichnete Schaltflächen, bei denen 256 Farben ausreichen, sind oft im **GIF**-Format gespeichert, da die Dateigröße dann noch kleiner ist als im jpg.

14.2 Übung HTML-Umwandlung

Erstellen Sie folgende Übung:

Eine kurze Anleitung:

♦ Neue Zeichnung, DIN A5 quer, Gitter alle 5 mm und **Hilfslinien** für die Seitenränder. Ein Rechteck so große wie das Papier für die Füllung zeichnen, die Füllung ist ein um 90° gedrehter frei eingestellter **Farbverlauf**.

♦ Den Text zeilenweise schreiben, Schriftart und -größe einstellen und anordnen, dann dem obersten Text eine Kontur mit 16 Stufen á 0,05 mm zuweisen.

♦ Abschließend jede weitere Textzeile markieren und **Effekte/Effekt klonen** wählen und die Kontur des ersten Textes anklicken.

♦ Nun noch ein passendes **ClipArt** z.B. aus dem Internet einfügen.

14.2.1 Datei/Exportieren für/Web

♦ Zuerst **speichern**, dann mit **Datei/Exportieren für/Web** das Projekt für das Internet konvertieren.

↳ Merken Sie sich dabei den **Speicherort,** dann aus dem Windows Explorer diese Datei anschauen und mit Doppelklicken öffnen.

↳ Sie sehen, dass die Grafik inklusive Text als **Foto** gespeichert wurde. Besser wäre es, die Webseite in einem Webseitenprogramm zu erstellen und nur die Grafiken aus CorelDraw dort einzubauen.

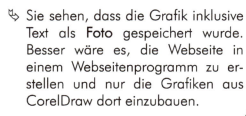

Hier das Format und die gewünschte Qualität wählen. Übersicht folgt.

JPEG, mittlere Qualität ▼ ▸

Formatierung: JPEG ▼

▲ **Einstellungen**

Farbmodus: RGB-Farbe (24 Bit) ▼

14.2.2 Ausgabeformat wählen

Bei der Schaltfläche **Formatierung** können Sie nur **PNG, jpg oder gif** wählen, damit ist schon klar, dass nicht eine html-Datei erstellt wird.

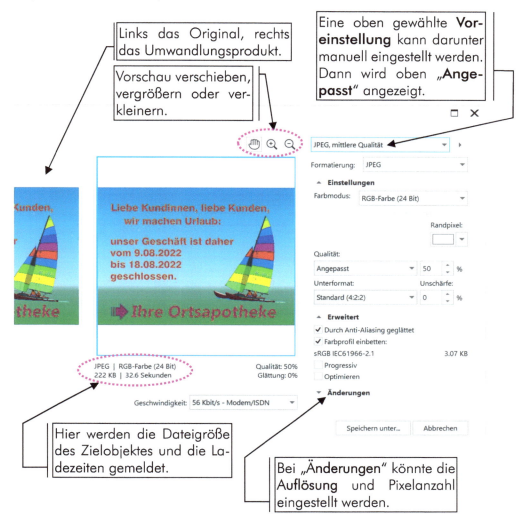

Links das Original, rechts das Umwandlungsprodukt.

Vorschau verschieben, vergrößern oder verkleinern.

Eine oben gewählte **Voreinstellung** kann darunter manuell eingestellt werden. Dann wird oben „**Angepasst**" angezeigt.

Hier werden die Dateigröße des Zielobjektes und die Ladezeiten gemeldet.

Bei „Änderungen" könnte die **Auflösung** und **Pixelanzahl** eingestellt werden.

14.3 Übung Webseite

Wir wollen jetzt eine kleine **Webseite** für einen Verein erstellen.

➢ Im CorelDRAW eine neue Datei beginnen, erstmal mit zu großem Format, z.B. DIN A5 quer.

➢ Aus dem Internet ein geeignetes Australien-Foto öffnen (beachten Sie bei der Abbildung, das dieses ein scharfes Foto war, dass vektorisiert wurde), kopieren und in CorelDRAW einfügen, viele kostenfrei verwendbare finden Sie z.B. auf www.pixabay.com, siehe z.B. unser ausgewähltes Foto von der Philharmonie auf der nächsten Seite.

➢ **Gitter** auf je 1mm einstellen und daran ausrichten, dann das Fotos so **beschneiden**, dass links und rechts die Bäume am Rand stehen, das Foto nun ins **linke untere Eck** zu 0/0 schieben, im **Lineal** die Maße ablesen und das **Papierformat** entsprechend anpassen, allerdings rechts **für den Text 3cm zugeben.**

93

➢ Wenn Sie das Bild anklicken, können Sie darauf die rechte Maustaste drücken und mit **Blitzvektorisierung** das Foto in ein gemaltes Bild umwandeln, reduziert nebenbei die Dateigröße.

➢ Die **Überschrift** als Grafiktext schreiben und mit einer farbigen Kontur nach außen gestalten.

➢ Rechts dann einen **Mengentextrahmen** für den Text ziehen, aber etwas kleiner, damit ein Rand bleibt, hier wollen wir Aufzählungszeichen und Hyperlinks einbauen, zunächst den Text erstmal eintragen. Damit wir die Bullets einstellen können, darauf achten, jedem Absatz mit Return abzuschließen.

➢ Um den **Hintergrund** einfarbig zu füllen, rechts ein Rechteck zeichnen, farbig füllen und nach hingen setzen.

14.3.1 Text mit Aufzählungszeichen

Überschreiben Sie die Beispieltexte z.B. folgendermaßen:

➢ **Aufzählungszeichen** können mit diesem Symbol ein- oder abgeschaltet werden, die Auswahl eines Bullets sowie weitere Einstellungen können bei Text/Bullet vorgenommen werden.

Wie die **hängenden Absätze** eingestellt werden können, z.B. der Abstand zwischen Text und Bullet oder ein anderes Aufzählungszeichen auswählen, wurde in Kapitel 6.9 beschrieben.

14.4 Hyperlinks einbauen

♦ Jeder Text oder jedes Objekt kann mit einem **Hyperlink** hinterlegt werden (bestimmte Funktionen gehen nicht für Mengentext).

Beim Klicken auf die aktuellen Programmtexte „Vortrag …" usw. soll eine entsprechende Seite mit detaillierten Informationen geöffnet werden.

➢ Bei **Fenster/Andockfenster/Verknüpfungen** und **Rollover** können Hyperlinks ergänzt werden. Dabei ist eine gültige **Internet-Adresse** (URL) einzutragen, suchen Sie einfach im Internet eine passende Seite und verwenden deren Adresse übungshalber. Beim Anklicken wird dann diese Seite geöffnet.

    ✍ Wenn Sie die Seite auch erst erstellen, wird die Hyperlink-Adresse folgende: „Ihre Webadresse, z.B. www.australien-fanclub/vortrag_reisinger.htm - letzteres ist der Dateiname der Seite. Dann diesen Hyperlink eintragen, der natürlich aber erst funktionieren kann, nachdem die Seiten ins Web kopiert wurden.

Das Menü für Hyperlinks:

Weil für Text keine Ziel-Auswahl möglich ist, für Grafiktext keine Bullets, müssen wir uns entscheiden: entweder dem Mengentext leere Rechtecke hinterlegen und diesen einen Hyperlink zuweisen oder auf die Bullets verzichten.

➢ **Ziel** und **Hotspot** funktionieren nicht bei Text-Hyperlinks. Versuchen Sie, ein Rechteck zu zeichnen, das ein wenig größer als der Text „Vortrag…" ist, dieses hinter den Text setzen und denselben Hyperlink diesem Rechteck zuweisen. Jetzt funktioniert Ziel und Hotspot.

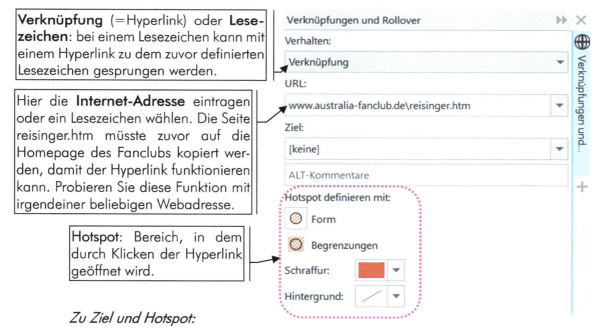

Verknüpfung (=Hyperlink) oder **Lesezeichen**: bei einem Lesezeichen kann mit einem Hyperlink zu dem zuvor definierten Lesezeichen gesprungen werden.

Hier die **Internet-Adresse** eintragen oder ein Lesezeichen wählen. Die Seite reisinger.htm müsste zuvor auf die Homepage des Fanclubs kopiert werden, damit der Hyperlink funktionieren kann. Probieren Sie diese Funktion mit irgendeiner beliebigen Webadresse.

Hotspot: Bereich, in dem durch Klicken der Hyperlink geöffnet wird.

Zu Ziel und Hotspot:

♦ Bei **Ziel** können Sie wählen, ob die Seite in einem eigenen Rahmen (self) oder in einem neuen Fenster (blank) oder als oberstes Fenster (top) geöffnet werden soll (geht nicht bei markiertem Text).

♦ Bei **Hotspot** kann entweder die genaue Objektform (Umriss) oder der Begrenzungsrahmen (so groß wie die Anfasserpunkte) als Bereich für den Hyperlink gewählt werden.

95

14.4.1 Übung Interner Hyperlink

Leider werden etwas ungewohnte Bezeichnungen verwendet, so dass diese Möglichkeiten im Corel kurz vorgestellt sein sollen.

- ♦ Wenn Sie innerhalb einer Seite verweisen wollen, erstellen Sie dort zunächst ein **Lesezeichen**, vergleichbar einer Textmarke.
  - ↳ Dafür im obigen Menü bei Verhalten statt URL Lesezeichen, dann darunter den Namen für dieses Lesezeichen eintragen.
  - ↳ Dann können Sie an einer anderen Stelle in ihrer Seite oder von einer anderen Seite in diesem Webprojekt einen **Hyperlink** auf dieses Lesezeichen erstellen.

Probieren wir dies aus:

- ➤ Ergänzen Sie eine neue Seite, auf der der Vortragstext enthalten sein soll, und schreiben Sie dort einen kurzen Beispieltext.
  - ↳ Da auf Text kein Lesezeichen erstellt werden kann, ein **Rechteck** etwas größer zeichnen, dieses markieren und ein **Lesezeichen „Koalas"** erstellen, dann hinter dem Text anordnen und transparent einstellen.
- ➤ Jetzt können Sie zur ersten Seite wechseln, - wieder geht es nicht für Text - also auch ein **Rechteck** zeichnen, Linie und Füllung ausschalten, hinter „Vortrag Koalas…" anordnen,
- ➤ dann eine **Verknüpfung** erstellen, dabei bei URL die Webadresse der Seite sowie den Namen des Lesezeichens eintragen, z.B. **www.australien-fanclub\VortragKoalas\Koalas:**

Funktioniert natürlich erst, nachdem beide Seiten zu dieser Webadresse kopiert wurden.

> Mit **Lesezeichen** können Sie innerhalb einer Datei verweisen, bei Verknüpfung **Hyperlinks** auf beliebige Webseiten. Sie könnten grafisch gestaltete **Schaltflächen** erstellen, ggf. sogar im Photo-Paint als GIF-Schaltfläche und mit Hyperlinks hinterlegen, um ansprechende Webseiten zu erstellen. Allerdings sind hier selbst einfache Webseitenprogramme um einiges überlegen, daher im Corel nur die Grafiken zeichnen und dann dort einbinden.

14.5 Rollover erstellen

Ein Rollover ist ein Objekt, z.B. ein Rechteck, das die Farbe ändert, wenn die Maus darüber gleitet. Beim Klicken wird noch einmal die Farbe oder Objektform geändert, z.B. könnte es so eingerichtet werden, dass es wie ein gedrückter Schalter aussieht.

> Wir wollen die mit der Hülle nach außen schön gestaltete Australien-Überschrift zum Rollover umarbeiten.

> Überschrift anklicken und wieder das Menü **Fenster/Andockfenster/Verknüpfungen und Rollover** öffnen.

> Mit dem Symbol ein **Rollover erstellen,** dann zum nächsten Symbol „**Rollover bearbeiten**", unten erscheint eine Symbolleiste mit den Karteikarten zum Einstellen:

Auf jeder dieser Karteikarten können Sie den Zustand ändern: Objekt umzeichnen oder andere Farben wählen.

Darüber = wird angezeigt, wenn die Maus über dem Objekt ist.
Unten = Objekt mit Maus angeklickt.

> Auf jeder Karteikarte andere Farben zuweisen oder mehr Konturschritte oder andere Änderungen.

> Wenn alle Ansichten fertig sind, mit dem rechten Symbol die **Rolloverbearbeitung beenden.** Die Rollover-**Symbole**:

Rollover-Vorschau.

Neu erstellen / bearbeiten / extrahieren = zerlegen / Bearbeitung beenden.

Rollover

Aktiver Rollover-Status:

[NORMAL]

Hier wurde noch der Effekt Verzerren angewendet:

Hinweis: nach dem Bearbeiten mit den **grünen Häkchen** bestätigen, außerdem ist die **Vorschau** für erneutes Bearbeiten immer abzuschalten, dann kann erst das Symbol bearbeiten gedrückt werden. Einige Effekte wie Kontur gehen für Rollover nicht.

Nun sind auch die drei Zustände klar verständlich:

- **Normal** ist der normale Zustand,

- **Darüber**, wenn die Maus über das Objekt bewegt wird und

- **Unten**, wenn das Objekt angeklickt wird.

Somit können interaktive Objekte erstellt werden, die die Farbe oder Form ändern, wenn der Benutzer die Maus darüber bewegt oder das Objekt anklickt.

> Sie können auch mehrere Objekte markieren und für mehrere gleichzeitig ein Rollover erstellen.

14.6 Arbeitsteilung fürs Web

Um einfache HTML-Seiten zu erstellen, gibt es zahlreiche z.T. auch kostenlose Programme, z.B. bei www.freeware.de oder mit MS Word. Für aufwendigere Projekte ist ein Programm sinnvoll, dass Hyperlinks automatisch aktualisieren kann.

Da diese auf Webseiten spezialisierten Programme hierfür besser programmiert sind, ist es empfehlenswerter, die Webseiten damit zu erstellen und im Corel nur spezielle Grafikobjekte, die dann in die Webseite eingefügt werden:

- Im CorelDRAW können Vektor-Elemente gezeichnet werden, etwa Firmenlogos, Banner, Pfeile, Grafikobjekte wie ein Auge usw.
  - ✏ Zur problemlosen Verwendung in Webseiten danach als jpg oder png exportieren.
- Im Photo-Paint können Hintergrunde erstellt werden sowie Füllmuster oder Fotos passend bearbeitet werden, z.B. die Dateigröße reduzieren oder Ränder wegschneiden.
  - ✏ Fotos im jpg-Format speichern, gemalte Schaltflächen mit wenigen Farben im gif.

Notizen: ....

....

....

....

....

....

....

....

....

....

....

....

Fünfter Teil

Effekte

Spezielle Corel-Effekte, Skripts, Foto-Effekte

15. Weitere Corel-Effekte

Die wesentlichen Effekte wurden im ersten Band zu CorelDRAW, Effekte für Fotos im ersten Band zu Corel Photo-Paint beschrieben. Hier werden wir uns noch ein paar Effekte, die eher selten Anwendung finden, anschauen.

15.1 PowerClip

Diese Funktion ist wie ein Fenster: wir sehen nur noch, was sich innerhalb des Fensters befindet. Als Fenster zeichnen wir in dieser Übung einfach ein Rechteck. Nachdem die PowerClip-Funktion angewendet wurde, ist von dem Objekt nur noch der Teil innerhalb des Rechteckes zu sehen.

Vorgehen:

➢ Dreieck, dann ein Rechteck **zeichnen**.

➢ Das Dreieck (=Objekt) markieren.

➢ **Objekt/PowerClip/In Rahmen platzieren** aufrufen und mit

➢ dem dicken Auswahlpfeil das Rechteck anklicken.

Jetzt wird nur noch der Teil des Objektes innerhalb des Rahmens angezeigt.

Weitere Optionen, auch über die rechte Maustaste erreichbar:

♦ **Objekt/PowerClip/Inhalt extrahieren** trennt das Objekt wieder vom Rahmen – die PowerClip Aktion ist damit rückgängig gemacht.

♦ **Objekt/PowerClip/Inhalt bearbeiten**: damit kann das Objekt verändert werden, z.B. eine andere Füllung usw.

   ↪ Diese Funktion muss anschließend bei **Objekt/Powerclip** wieder abgeschlossen werden.

♦ Wenn Sie „**Inhalt in PowerClip sperren**" abschalten (geht auch mit der rechten Maustaste auf dem PowerClip-Element),

   ↪ dann können Sie das Rechteck verschieben, so dass ein anderer Bereich des Dreiecks angezeigt wird.

   ↪ Mit aktivierter Einstellung sind beide Elemente verbunden.

15.2 Überblenden

15.2.1 Überblendung zuweisen

Beim Überblenden können Objekte mehrfach an einer Strecke entlang kopiert werden.

> ➤ Schreiben Sie z.B. ein Fragezeichen, schön groß einstellen und Farbe wählen. Dieses Fragezeichen ist der **Anfang**.

> ➤ Als **Ende** der Überblendungsstrecke ein **Ausrufezeichen** schreiben.

> ➤ Wählen Sie links aus der Hilfsmittelpalette den interaktiven Effekt **Überblendung** (wieder bei „Hinterlegter Schatten").

> ➤ Jetzt mit **gedrückter Maustaste** von dem ersten Fragezeichen einen Pfeil zu dem Ausrufezeichen ziehen.

15.2.2 Farben für die Überblendung

> ➤ Zum Auswahlwerkzeug wechseln, zuerst im leeren Bereich, dann das erste Zeichen anklicken und eine andere Farbe wählen, ebenso das letzte Zeichen, dann entsteht automatisch der **Farbübergang**:

Anfangs- und Endobjekt kann nachträglich **verschoben** werden.

Außerdem können Sie die **Richtung** wählen, in der die Farbscheibe von der Anfangs- zur Endfarbe durchwandert wird, was unterschiedliche Zwischentöne ergibt (Überblendung wieder anklicken).

In der Eigenschaftsleiste können Sie die Einstellungen ändern:

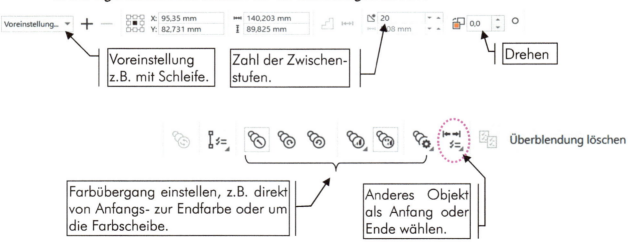

| Voreinstellung z.B. mit Schleife. | Zahl der Zwischenstufen. | | Drehen |

Farbübergang einstellen, z.B. direkt von Anfangs- zur Endfarbe oder um die Farbscheibe.

Anderes Objekt als Anfang oder Ende wählen.

Überblendung löschen

> Falls die Überblendungs-Symbole nicht angezeigt werden, die Überblendung mit dem Auswahlwerkzeug anklicken. Wichtig ist dabei, dass die gesamte Überblendung, nicht ein einzelnes Element, gewählt wird.

15.2.3 Überblendung drehen

Wenn Sie einen **Drehwinkel** (=Überblendrichtung) angeben, können Sie auch die **Schleife** (=Bogen) einstellen.

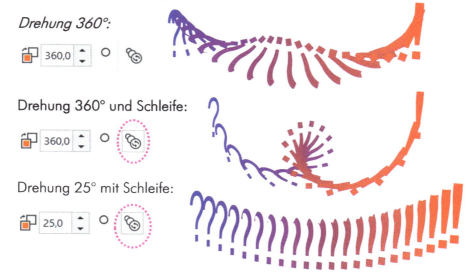

Drehung 360°:

Drehung 360° und Schleife:

Drehung 25° mit Schleife:

15.2.4 Beschleunigung

Wenn Sie die Überblendung anklicken und das Überblendungswerkzeug gewählt ist, können Sie an dem Schieber die Beschleunigung mit der Maus einstellen:

Ein Schieber für die Beschleunigung.

Nach **Doppelklicken** können die Schieber unabhängig voneinander verschoben werden.

Ein Schieber für den Farbübergang.

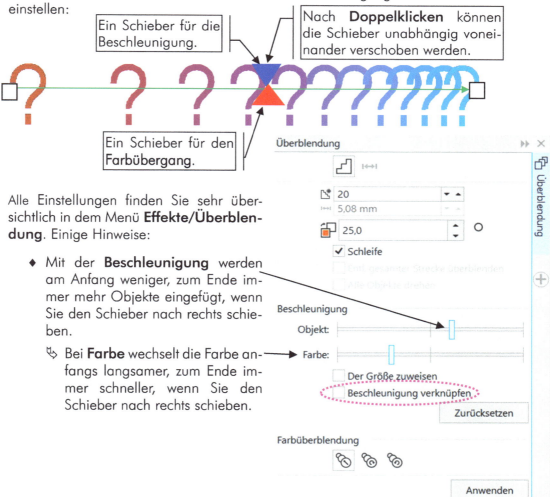

Alle Einstellungen finden Sie sehr übersichtlich in dem Menü **Effekte/Überblendung**. Einige Hinweise:

♦ Mit der **Beschleunigung** werden am Anfang weniger, zum Ende immer mehr Objekte eingefügt, wenn Sie den Schieber nach rechts schieben.

✎ Bei **Farbe** wechselt die Farbe anfangs langsamer, zum Ende immer schneller, wenn Sie den Schieber nach rechts schieben.

103

15.2.5 Neuer Anfang, neue Strecke

Bei dem eingerahmten Symbol **können** Sie ein anderes Element als **neuen Anfang** oder **neues Ende** wählen.

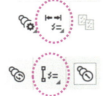

Mit diesem Symbol lässt sich eine **Strecke** bestimmen, z.B. ein Kreis oder eine Linie, an der die Überblendung dann entlanggeführt wird.

Danach kann im Menü **Effekte/Überblendung** „**Entlang gesamter Strecke überblenden**" angekreuzt werden, womit die Elemente passend verteilt werden.

Den **Kreis** könnten Sie anschließend löschen oder unsichtbar machen, indem Sie die Linienfarbe ausschalten.

Trennen, dann ein Element der Überblendung anklicken, trennt diese nicht auf, sondern fügt einen Steuerknoten ein, d.h. wenn Sie den Anfang oder das Endelement verschieben, entsteht dort ein Knick. Anschließend könnte mit **Zusammenlegen** dieser Knick wieder entfernt werden.

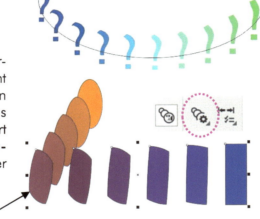

Dieses Element wurde mit „Trennen" angeklickt.

Steuerknoten: hiermit wird kein Wendepunkt eingefügt, sondern es kann im Start- und Endobjekt der Punkt gewählt werden, von dem aus das Objekt, bzw. die Überblendung, berechnet wird, die Zwischenobjekte ändern sich dadurch geringfügig.

15.3 Verzerren

Hier finden Sie zahlreiche Effekte, um Objekte auf verschiedenste Arten zu verzerren, ein paar Beispiele, wobei die Stärke des Effekts jeweils erhöht wurde, um die Auswirkung deutlicher zu machen.

Ausgangsobjekt	Blöcke	Verschieben

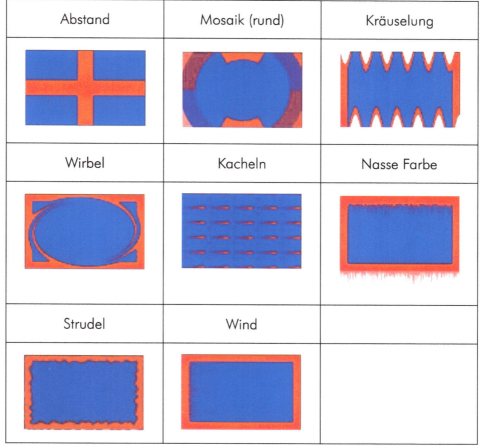

Abstand	Mosaik (rund)	Kräuselung
Wirbel	Kacheln	Nasse Farbe
Strudel	Wind	

....nur eine Auswahl zur Veranschaulichung.

15.4 Blockschatten

Hiermit wird ein geradlinig nach hinten verlaufender Schatten erzeugt. Diese Funktion finden Sie nur in der Hilfsmittelpalette bei den Effekten, aber nicht bei der Home & Student Version.

Leider kann nur die **Schattenfarbe** eingestellt und der Blockschatten in alle Richtungen erweitert werden. Nicht möglich: Farbverlauf, nach hinten konisch, eine Linienfarbe. Somit ist diese bei CorelDRAW 2019 neu hinzugekommene Funktion im Nachteil gegenüber den hervorragenden Effekten **Extrusion, hinterlegter Schatten** oder einem **selbst gezeichneten Schatten**.

Beispiele:

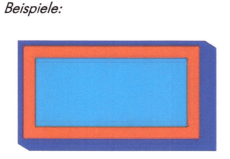 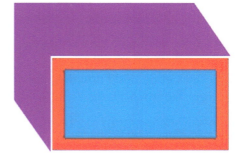

15.5 Radieren und Zerschneiden

Bei dem **Form-Hilfsmittel** sind noch weitere Symbole vorhanden, mittels derer ein Objekt z.B. zerschnitten oder radiert werden kann. Im Einzelnen:

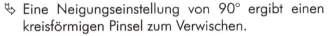

Form / Glätten / Verschmieren / Wirbel / Heranziehen und Wegdrücken / Verwischen / Aufrauen.

Beschneiden / Messer / Virtuelles Segment löschen / Radierer.

Bei allen Funktionen ist zuvor ein Objekt zu markieren.

♦ Die Werkzeuge **Form** zum Einfügen oder Umformen der Wendepunkte sowie Beschneiden wurden im ersten CorelDRAW-Band ausführlich beschrieben.

♦ Mit **Verwischen** kann von innen nach außen verwischt oder von außen nach innen „radiert" werden (ggf. zuerst in Kurven konvertieren).

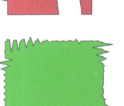

↳ Mit „**Austrocknen**" abnehmende Wirkung, wie wenn ein Pinsel trocken wird.

↳ Eine Neigungseinstellung von 90° ergibt einen kreisförmigen Pinsel zum Verwischen.

♦ Mit dem Pinsel „**Aufrauen**" können die Ränder wie mit einer Harke aufgeraut werden.

↳ Interessant mit größeren Spitzengrößen, damit die Fransen sichtbar sind, wie hier mit 20.

♦ Mit „**Heranziehen und Wegdrücken**" kann mit der Maus kurvenförmig ausgebeult werden, bei ersterem zum Mauspfeil hin, bei zweitem vom Mauspfeil weg.

↳ Beachten Sie die Einstellmöglichkeiten in der Eigenschaftsleiste.

♦ **Wirbel**: mit der Maus Wirbel vom markierten Objekt erzeugen, vor allem mit größerem Spitzenradius oder größerer Rate interessant.

♦ **Glätten**: spitze Knoten werden zunächst abgerundet, dann gelöscht.

Messer, Radierer und Segment bei dem Beschneiden-Werkzeug:

♦ Mit dem **Messer-Werkzeug** können Objekte, z.B. ein Rechteck, zerschnitten werden.

↳ Es kann nur von Linie zu Linie geschnitten werden, nicht innerhalb eines Objektes, **automatisch Schließen** ist hierbei hilfreich.

Rechts: ein Rechteck wurde zerschnitten, die entstehenden zwei Hälften auseinandergeschoben.

♦ Mit dem **Radierer** können gezeichnete Elemente radiert werden.

↳ Die Größe und Form des Radierers lässt sich in der Eigenschaftsleiste einstellen.

♦ **Virtuelles Segment löschen:** z.B. bei mit Messer oder Radierer in mehrere Stücke zerteilten Objekten einzelne Bruchstücke löschen. Gelöscht werden Bruchstücke, die mit dem Auswahlrahmen berührt werden, daher aufpassen, dass nicht zu viel gelöscht wird.

106

16. Extrudieren und Kopieren

16.1 Interaktives Extrudieren

Extrudieren wurde mittels des übersichtlichen Menüs bei Effekte/Extrudieren bereits im ersten Band zu CorelDRAW erläutert. Darum gehen wir hier die Einstellmöglichkeiten mittels des interaktiven Menüs nur kurz durch.

➤ Schreiben Sie den Beispieltext **EX**, eine sehr große Schrift einstellen und diesen Text zum Probieren mehrmals kopieren, dann einen Text markieren und die interaktive **Extrusion** bei dem Effekte-Symbol wählen.

➤ Jetzt mit der Maus, auf dem Text beginnend, einen Pfeil ziehen, um die Richtung und -tiefe der Extrusion vorzugeben.

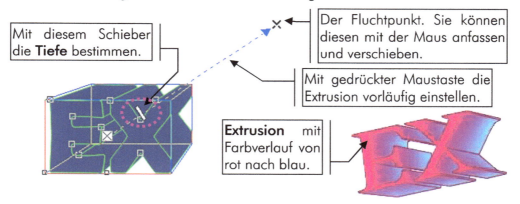

Mit diesem Schieber die **Tiefe** bestimmen.

Der Fluchtpunkt. Sie können diesen mit der Maus anfassen und verschieben.

Mit gedrückter Maustaste die Extrusion vorläufig einstellen.

Extrusion mit Farbverlauf von rot nach blau.

➤ Stellen Sie die Extrusion mit **Farbverlauf und Beleuchtung** ein.

16.2 Mit der Eigenschaftsleiste einstellen

Jetzt können Sie entweder mit der Maus den Fluchtpunkt verschieben oder in der Eigenschaftsleiste alles Weitere (Farben, Beleuchtung …) einstellen.

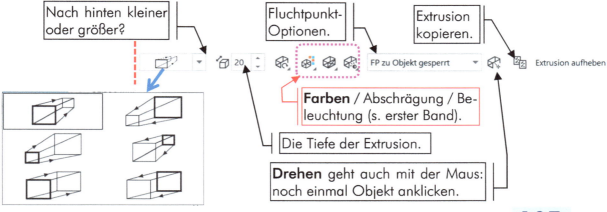

Nach hinten kleiner oder größer?

Fluchtpunkt-Optionen.

Extrusion kopieren.

Extrusion aufheben

Farben / Abschrägung / Beleuchtung (s. erster Band).

Die Tiefe der Extrusion.

Drehen geht auch mit der Maus: noch einmal Objekt anklicken.

16.3 Fluchtpunkt-Optionen

Sie können bei dem abgebildeten Symbol wählen, ob der Fluchtpunkt vom **Objekt** oder vom Seitenursprung aus gemessen werden soll (FP zu…). Wenn Sie den Fluchtpunkt einmal nicht finden sollten, „FP von Objekt wählen" und z.B. 10/10 eingeben. Dann ist der Fluchtpunkt nur je 10 mm von der Objektmitte verschoben und somit sicher zu finden.

Mit **Fluchtpunkt kopieren** können Sie diesen von einer anderen Extrusion übernehmen, mit **Gemeinsamer Fluchtpunkt** (anschließend beide oder mehrere Extrusionsflächen anklicken) gilt der Fluchtpunkt für beide Elemente, auch wenn dieser verschoben wird.

Koordinaten des Fluchtpunktes.

Fluchtpunkt kopieren oder ein gemeinsamer Fluchtpunkt mit einer anderen Extrusion.

53,761 mm

26,34 mm

FP zu Objekt gesperrt

FP auf Objekt oder Seite bezogen.

16.4 Abschlussübung Extrudieren

Probieren Sie folgendes Plakat:

> Der **Text der Überschrift** wurde kopiert und einer vorübergehend nach oben weggeschoben, da **Extrusion** und **Kontur** nicht gleichzeitig möglich sind. Dann wurde dem nicht verschobenen eine Extrusion mit Lampen, dem verschobenen eine Kontur nach innen zugewiesen, abschließend der Text mit der Kontur auf den mit der Extrusion zurückgeschoben.

> Der **Hintergrund** ist eine frei eingestellte Farbverlaufsfüllung, der **Rahmen** außen herum wurde aus zwei kombinierten Rechtecken, denen eine **Kontur** nach innen zugewiesen wurde, erstellt.

➢ Damit der **Angebotstext** besser lesbar ist, wurde diesem eine **Spruch-bandform** leicht transparent hinterlegt und zusätzlich eine leicht versetzte Textkopie als Schatten.

    ✎ Auch Text kann mit dem Farbeimersymbol eine **Farbverlaufsfüllung** zugewiesen werden.

➢ Suchen Sie im Web z.B. nach **Sofa**, ein passendes Foto auf Ihrer Festplatte speichern, im Photo-Paint öffnen, dann mit der Freihandmaske das Sofa maskieren, kopieren und in obige Zeichnung einfügen.

16.5 Eigenschaften oder Effekte kopieren

Eigenschaften kopieren:

♦ Die Objektfarbe oder die Schriftart können Sie kopieren, indem Sie das Original mit der **rechten Maustaste** auf das zweite Objekt ziehen.

    ✎ Im Fragefenster wie gewünscht **„Füllung hierher kopieren"** oder „Alle Eigenschaften kopieren" wählen.

    ✎ Bei **Bearbeiten/Eigenschaften kopieren von…** finden Sie ein Menü hierzu.

Sie können auch Effekte von anderen Elementen kopieren, z.B. wenn ein zweiter Text genau die gleiche Extrusion erhalten soll.

Effekte kopieren oder klonen:

♦ Sie finden den Befehl im **Menü Objekt**, hier können Sie einen Effekt **kopieren** oder „**klonen**".

    ✎ Der Unterschied zwischen klonen und kopieren: wenn Sie **klonen**, wird der Klon automatisch geändert, sobald Sie das Original ändern.

    ✎ Allerdings dürfen Sie nicht den Klon ändern, da dann die Verbindung zum Original unterbrochen wird.

Dies ist eine Möglichkeit, um mehrere Objekte z.B. mit einer **gleichen Extrusion** zu erstellen, indem die Extrusion für die anderen Objekte von dem ersten Original kopiert oder geklont wird.

Vorgehen:

➢ Die Funktionsweise: neues Objekt anklicken, Objekt/Klonen oder Kopieren wählen, dann das Original anklicken, von dem diese Eigenschaft übernommen werden soll.

Oder mit dem Befehl in der Eigenschaftsleiste:

➢ Ziel-Element markieren, links in der Hilfsmittelpalette einen Effekt wählen, z.B. das Symbol **Extrudieren** anklicken,

➢ dann kann in der Eigenschaftsleiste das Symbol für **Extrusion kopieren** angeklickt werden.

➢ Der Mauspfeil wechselt zu einem dicken Pfeil, mit dem Sie die zu kopierende **extrudierte Fläche** (Quellobjekt) anklicken können. Hinweis: nicht das Objekt, sondern eine extrudierte Fläche anklicken.

16.6 Übung Extrusion klonen

➢ Schreiben Sie zwei kurze **Texte**, verschiedene Größe einstellen und kopieren, so dass es vier Texte gibt.

➢ Weisen Sie zwei „Originalen" eine **Extrusion** zu, dann diese Extrusion jeweils bei einem Text **kopieren**, bei dem anderen **klonen**.

➢ **Ändern** Sie die Extrusion bei den Originalen und beobachten Sie die Wirkung bei den Kopien. Drehen Sie dabei auch die Originale.

16.7 Hülle erstellen oder kopieren

Bei manchen Effekten gibt es noch die Möglichkeit, ein Objekt als Hülle oder Strecke zu verwenden. Sie können z.B. Text an einem Objekt ausrichten oder eine Überblendung einer Strecke folgen lassen oder für eine Hüllenform ein Objekt verwenden.

➢ Zeichnen Sie eine **Ellipse** und schreiben Sie einen **Beispieltext**.

➢ Text anklicken und den interaktiven Effekt **Hülle** wählen (links das Effekt-Symbol).

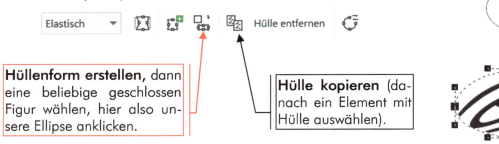

Hüllenform erstellen, dann eine beliebige geschlossen Figur wählen, hier also unsere Ellipse anklicken.

Hülle kopieren (danach ein Element mit Hülle auswählen).

➢ Wählen Sie **Hüllenform erstellen, dann** die Ellipse anklicken.

➢ Füllen Sie die Ellipse farbig, dann den Text genau darauf schieben und nach vorne setzen – Sie sehen, der Text hat exakt die Form der Ellipse eingenommen.

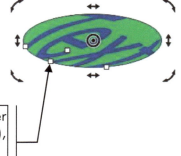

An den Wendepunkten kann die Hülle noch manuell weiter verformt werden. Oder Hülle beenden (anderswo klicken), dann mit dem Auswahlpfeil markieren und drehen.

Die Eigenschaften eines Effektes können Sie nur kopieren, wenn dieser Effekt bereits einem Element zugewiesen wurde.

16.8 Effekte löschen

Hiermit können Sie Effekte wieder entfernen, wobei das Objekt angeklickt und der Effekte-Befehl ausgewählt sein muss:

Sechster Teil

Fotos

Mit Fotos arbeiten,
Film, Bildsprühdose, Wasserzeichen

———————

17. Fotos freistellen

In diesem Kapitel wird ein Veranstaltungsplakat entworfen. Dabei sind in der Regel zuerst geeignete Fotos auszuwählen und zu bearbeiten.

17.1 Wiederholung Grundlagen für Fotos

♦ Bei Fotos für ein Familienalbum wollen Sie das ganze Foto. Wenn wir ein Foto allerdings in einem Plakat oder einer Werbeanzeige verwenden, interessiert oft nur ein Teilbereich oder ein **Objekt** daraus.

    ✎ Der mit abgebildete **Hintergrund** stört nur, da er zu sehr von dem eigentlichen Objekt ablenkt.

    ✎ Darum ist das gewünschte Objekt aus dem Foto herauszuschneiden, in der Fachsprache wird von „**freistellen**" gesprochen.

    ✎ Die **Maskenwerkzeuge** hierfür wurden im ersten Band zu Photo-Paint ausführlich beschrieben. Jetzt wollen wir die Anwendung nur an einem möglichst perfekt gestalteten Plakat vertiefen.

Zur Erinnerung:

Vergrößertes Blütenblatt.

♦ Bei einem Foto im Computer hat der Scanner oder die Digitalkamera das Bild Punkt für Punkt gespeichert (engl.: **Pixel** = picture elements = Bildpunkte).

    ✎ Darum können wir in einem Foto nicht so einfach ein Teil anklicken, kopieren oder verschieben, da es nur verschiedenfarbige Pixel gibt, sondern müssen den gewünschten Bereich zuerst mit einem Markierungsrahmen, einer **Maske**, markieren.

    ✎ Wenn die Maske, die beliebig oft korrigiert und angepasst werden kann, stimmt, können wir diesen markierten Bereich **kopieren**.

    ✎ Das Kopierte können wir in beliebigen **anderen Fotos einfügen** oder als eigenes Foto speichern.

    ✎ Solche herausgeschnittenen, nun frei kopier- und verschiebbaren Bildteile sind **Objekte**.

Ein Objekt.

♦ Alle Befehle hierfür sind oben im Photo-Paint in den Menüs **Objekt** und **Maske** zu finden, die wichtigsten zusätzlich als Symbole.

♦ Einige Befehle für Fotos sind auch im CorelDRAW unter „**Effekte**" und „**Bitmaps**" integriert.

113

17.2 Fotos in den PC

Den Weg, Fotos zu entwickeln und anschließend zu scannen, entfällt bei einem **digitalen Fotoapparat,** außerdem müssten herkömmliche Fotos zuerst gescannt werden, was auch mit einem Qualitätsverlust verbunden ist.

♦ **Optimale Scanauflösung** für hochwertige Fotos: 600 dpi bei 24 bit Farbtiefe. Aber jeder Scanner und Drucker ist anders.

    ↳ Machen Sie darum **Testreihen**: mit 300, 600, 900, 1200 und evtl. noch mehr ein Foto scannen und auf Ihrem Drucker mit der besten Auflösung und Ihrem besten Papier drucken. Ab einem gewissen Wert wird keine Qualitätssteigerung mehr erkennbar sein.

    ↳ Wenn Sie Fotos an eine **Druckerei** weitergeben wollen, sollten Sie frühzeitig ein Testbild übermitteln, denn die dpi-Angaben eines Scanners oder einer digitalen Kamera sagen wenig über die tatsächliche Qualität aus.

    ↳ Je nach Druckausgabe (Papiersorte, Druckverfahren) sind andere Qualitätsansprüche an die Vorlagen zu stellen (Foto privat: 30 MB, prof.: 200 MB unkomprimierte Dateigröße). Darum ist zu erwarten, das Fotos, die auf dem guten Tintenstrahldrucker perfekt aussehen, für einen Offsetdruck auf Hochglanzpapier ungeeignet sind.

♦ Wenn kein Gruppenfoto mit zwanzig Personen gewünscht ist, sondern nur ein Objekt, liefern gute **digitale Kameras** ab zehn Mega-Pixeln verwendbare Ergebnisse, für professionelle Anwendungen sollten es natürlich 16 oder mehr Megapixel sein.

    ↳ Ziehen Sie aktuelle **Testberichte** zu Rate, da viele digitale Kameras Farben verfälschen oder aus geraden Linien krumme machen.

> Wenn z.B. ein Produkt, dass für einen Werbeprospekt abgelichtet wird, vor einer Leinwand mit einer Farbe, die im Objekt nicht vorkommt, aufgenommen wird, kann im Photo-Paint mit der **Farbmaske** das Objekt relativ einfach vom Hintergrund gelöst werden.

♦ **Fotosammlungen**: von einigen Firmen gibt es Fotosammlungen, die aus etlichen DVD's bestehen und für professionelle Anwender gedacht sind. Darum sind diese meist auch sehr teuer, aber immerhin wesentlich günstiger, als wenn ein Reporter auf Reisen gehen müsste.

    ↳ Bei preiswerten Foto-DVD's ist die Bildqualität oft nicht für Offsetdruck ausreichend.

    ↳ Im Internet gibt es auch zahlreiche Fotos, aber nicht in bester Qualität. Bei den Online-Fotosammlungen Flickr, Fotolia, iStock usw. gibt es Fotos in besserer Qualität, für professionelle Anwendungen können die Fotos in optimaler Qualität oft gekauft werden.

♦ Rundblick: von Corel kann das Programm **PaintShop Pro** erworben werden, welches bessere Werkzeuge enthält als Photo-Paint, um Objekte vom Hintergrund freizustellen. Spezialisiert aufs Freistellen ist das Programm **Cutout,** für PhotoShop gibt es für diese Anwendung Zusatzprogramme.

17.3 Foto freistellen

Wir wollen ein Veranstaltungsplakat für einen Hunde-Schönheitswettbewerb entwerfen.

➢ Suchen Sie im Internet ein **Hunde-Foto mit möglichst einfarbigem Hintergrund** und laden dieses auf Ihren Rechner herunter, dann im Photo-Paint zum Freistellen öffnen. Natürlich, je zotteliger die Haare, umso schwieriger freizustellen.

Jedes Foto ist anders. Deshalb sind meist unterschiedliche **Maskenwerkzeuge** der Reihe nach einzusetzen.

➢ Wir haben bei diesem Bild einen Sonderfall, da der Hintergrund fast einfarbig ist. Darum können wir in diesem Fall mit dem **Zauberstab** den Hintergrund aufnehmen.

➢ Passende Toleranz-Werte dabei ermitteln: anklicken und wenn zu viel oder zu wenig markiert wurde, gleich rückgängig, Toleranz anpassen und erneut anklicken, wenn Teile passend maskiert sind, ausschneiden.

Einige Hintergrundfarben lassen sich so meist entfernen, weiter geht es mit anderen Masken-Methoden.

Da jedes Bild anders ist und andere Maskenarten erfordert, eine Auswahl:

♦ Sie können den Hintergrund mit großem Radierer oder Pinsel schon einmal großflächig **wegradieren**.

♦ Sie können bei geringer Toleranz mit der **Zauberstabmaske** den Hund aufnehmen, dabei mit dem + möglichst viele Farbtöne anklicken.

♦ Die Maske vorübergehend zu **invertieren** kann helfen, um z.B. mit **Maske/Maskenumriss/Löcher entfernen** Löcher innerhalb des Hundes zu entfernen oder innerhalb des Hintergrundes.

♦ Mit der Freihandmaske oder dem **Maskenpinsel** bei passender Pinselgröße fehlende Bereiche aufnehmen, außen zu viel Maskiertes entfernen.

➢ Probieren Sie diese Maskenarten, bis der Hund weitgehend passend maskiert ist.

✎ Das ist gar nicht so schwer, da nicht jede Haarfranse markiert werden muss, wichtig ist jedoch, dass im Hund keine Löcher bleiben und außen keine einzelnen Punkte mehr markiert sind.

➢ Kopieren und dann „**Datei/Neu aus Zwischenablage**". Wieder ausschneiden, Hintergrund in Kontrastfarbe füllen und erneut einfügen. So können Sie noch die letzten Fehler in der Maske erkennen.

✎ Ggf. zum Originalbild wechseln, Maske korrigieren, erneut eine Kopie, und wenn die Maske perfekt passt, abschließend speichern.

Da es mit Arbeit verbunden ist, Objekte freizustellen, ist es empfehlenswert, diese in einen Ordner auf Ihrer Festplatte sortiert zu speichern, z.B. Fotos\Objekte\Tiere\Hunde. Damit erstellen Sie sich mit der Zeit eine eigene **Objekte-Sammlung**.

115

➢ **Speichern** Sie das neue Bild mit dem Hund als Objekt in einen Ordner auf Ihrer Festplatte.

Auch mehrere Masken sind in einem Bild möglich:

Natürlich könnten Sie auch bei dem Andockfenster „**Fenster/Andockfenster/Kanäle**" die einzelnen Masken durch Klicken auf das Auge ausblenden. Einfacher ist es jedoch, eine erstellte Maske zu speichern. Dann kann diese Maske vorübergehend gelöscht werden, um eine weitere Maske zu erstellen.

◆ Einfarbige Hintergründe, deren Farbe nicht im Objekt vorkommt, können direkt im **CorelDRAW** mit dem Befehl „**Bitmaps/Bitmap Farbmaske**" ausgeblendet werden.

↳ Wenn sich mit der **Pipette** keine Farbe aufnehmen lässt, ist zuerst **Bitmap/in Bitmap konvertieren** zu wählen.

Das war viel Arbeit. Zum Konservieren haben Sie zwei Möglichkeiten:

◆ Entweder Sie speichern das Foto mit der Maske in Photo-Paint-Format cpt ab, um den Maskeninhalt später erneut kopieren zu können,

◆ oder Sie kopieren den Maskeninhalt, dann **Datei/Neu aus Zwischenablage**, um ein neues Bild nur mit dem Objekt zu erhalten, und speichern dieses in dem Objektordner im cpt-Format.

17.4 Ins CorelDRAW übernehmen

➢ Beginnen Sie im CorelDRAW eine neue Grafik im Format **DIN A2** hoch. Dann den Hund einfügen und in die Mitte schieben: Objekt/Ausrichten und Verteilen/Mittelpunkt auf Seite.

Zunächst werden wir den **Text** ergänzen, dann ein paar **grafische Elemente**, um die Text-Effekte zu verstärken, abschließend wird experimentiert, welcher **Hintergrund** zu dieser Zusammenstellung passt.

➢ **Gitter** einrichten und aktivieren, z.B. alle 5 mm, dann **Hilfslinien** für die Seitenränder vom Lineal in die Zeichnung ziehen.

Der Informationstext:

➢ Die **Texte** jeweils einzeln schreiben, dann Schriftart wählen und passend anordnen.

➢ Damit die **Drehung** von **9. April** und **2019** gleich ist, nur den ersten Text schreiben, drehen, kopieren und den Text überschreiben. Falls schon geschrieben, den Drehwinkel in der Eigenschaftsleiste angeben.

Der gedrehte Effekt-Text:

➢ Den Text, der in der Mitte gedreht werden soll, zunächst schreiben und in den Seitenrand kopieren, damit wir experimentieren können.

➢ Dann einen großen **Kreis** um den Hund zeichnen und den Text mit **Text/Text an Strecke ausrichten** an diesem Kreis ausrichten. Den Kreis-Mittelpunkt am besten mit Hilfslinien markieren.

↳ Den Kreis anschließend anklicken und **Objekt/Kombination aufheben**, um dann den **Kreis löschen** zu können.

116

➢ Den Mittelpunkt des Textes in die Mitte (210/300mm) zu dem Hund verschieben, **Fenster/Andockfenster/Ändern** und in diesem Menü die Karteikarte **Drehen** wählen und eine Kopie um 180° erstellen (oder mit der Maus drehen + rechte Maustaste).

➢ Beide Texte **markieren** und eine **Überblendung** von dem oberen zu dem unteren Text durchführen (Pfeil vom oberen zum unteren ziehen), um den abgebildeten Effekt zu erreichen, dabei auch die Farbe passend wählen (Farbpalette siehe links) und den Hund nach vorne setzen.

Eine Kontur nach außen sowie ein **hinterlegter Schatten** (großes Leuchten, Farbe und Verlauf nach außen)

Eine Corel-Füllung (Beispiele), bei **Änderungen** jedoch Kachelgröße auf 600 erhöht, damit es keine Kacheln gibt.

Ein hinterlegtes Rechteck mit Transparenz erleichtert es, wichtigen Text zu erfassen.

Der Hintergrund:

➢ Ein **Rechteck** über die ganze Seite ziehen, nach hinten setzen und mit einer **Füllung** versehen.

↳ Für die Druckerei diesen Rahmen etwas über den Rand hinausziehen. Der **Überstand** wird nach dem Druck weggeschnitten.

↳ Probieren Sie auch einen **einfarbigen Hintergrund**. Es muss nicht immer ein bunter Hintergrund sein, der von dem Text und der Botschaft ablenkt. Wichtig ist, dass die Farben zusammenpassen.

117

Zum Probieren:

Ein dunkler Hintergrund erfordert helle Schrift. Da Hintergrund und Textfarben und die Bilder harmonisieren müssen, ist einige Experimentierarbeit notwendig. Hierfür ist folgende Vorgehensweise praktisch:

- **Mehrere Seiten** ergänzen, auf die folgenden alles kopieren.
- Jetzt können Sie auf jeder Seite einen anderen Hintergrund wählen, die Schrift und den Textschatten farblich anpassen.
- Die Seiten ausdrucken, anschauen und, wenn die Entscheidung gefallen ist, die anderen Entwürfe ggf. löschen.

Notizen: ....

....

....

....

....

....

....

....

....

....

....

....

....

....

....

....

....

....

....

....

....

....

....

....

....

....

18. Photo-Paint spezial

18.1 Einen Film erstellen

Vielleicht wollen Sie auch eine Internet-Seite gestalten, um auf die Veranstaltung aufmerksam zu machen. Dann könnten Sie im Photo-Paint einen kleinen Film erstellen, der z.B. beim Klicken auf das Hunde-Bild auf der Webseite gestartet wird.

Ein Film soll entstehen, auf dem immer mehr Hunde erscheinen:

> ➢ Im Photo-Paint ein neues Bild mit dem Papierformat von ca. 200x800 Pixeln beginnen und den **Hintergrund** mit einer waagerechten, frei eingestellten Farbverlaufsfüllung versehen.

> ➢ Dann **Fenster/Symbolleisten/Film** und dort mit dem obersten Symbol zum Film umwandeln.

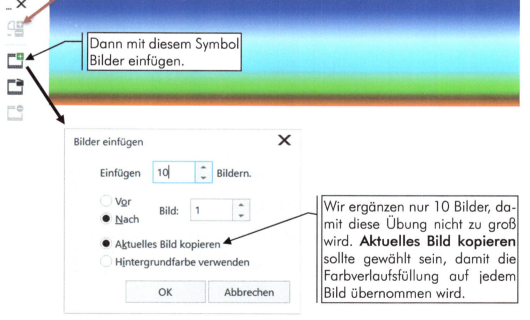

Dann mit diesem Symbol Bilder einfügen.

Wir ergänzen nur 10 Bilder, damit diese Übung nicht zu groß wird. **Aktuelles Bild kopieren** sollte gewählt sein, damit die Farbverlaufsfüllung auf jedem Bild übernommen wird.

- ◆ Hinweis: ein normaler Film besteht aus **25 Bildern je Sekunde** die frühere Auflösung beträgt **720x576** Pixel (PAL-Standard für Europa), aktuell meist HD-TV mit **1920x1080** Punkten.

> ↳ Darum brauchen Filme etliche MB, weshalb meist im **mpeg**-Format komprimiert gespeichert wird.

Sie können jetzt Bild für Bild durchgehen und passend ändern:

➢ Jetzt können Sie den Hund aus der vorigen Übung im CorelDRAW kopieren, mit **Datei/Neu aus Zwischenablage** erst einmal als neues Bild einfügen, da dieses verkleinert werden muss, und bei **Bild/Bild neu aufbauen** die Höhe auf ca. 160 Pixel reduzieren.

➢ Erneut **kopieren** und auf dem zweiten Bild des Films einmal einfügen, ggf. passend verkleinern.

> **Nicht kombinierte Objekte** sind auf allen Bildern vorhanden. Wenn ein Objekt nur auf einem Bild erscheinen soll, muss dieses mit dem Hintergrund kombiniert werden: [Strg]-[Umschalt]-[nach unten]. Nach dem Zusammenführen ist dieses Objekt jedoch nur noch auf dem aktuellen Bild.

↳ Wenn also z.B. der Hund von Bild zu Bild von links nach rechts laufen sollte, würden wir das Hunde-Objekt auf jedem Bild etwas nach rechts verschieben und dann mit [Strg]-[Umschalt]-[nach unten] jeweils mit dem Hintergrund zusammenführen.

➢ Wir wollen jetzt aber pro Bild immer einen Hund mehr, wobei die bereits vorhandenen Objekte (Hunde) auf dem nächsten Bild sich exakt an der gleichen Position befinden sollen: dass kann erreicht werden, indem ohne Kombinieren mit [Strg]-a alles markiert, kopiert und auf dem nächsten Bild eingefügt wird.

↳ Zusätzlich wird von Bild zu Bild ein weiterer Hund eingefügt, bis das letzte Bild erreicht und voll von Hunden ist.

↳ Sie können dabei einige Hunde etwas drehen, verzerren, vergrößern oder verkleinern, damit der Eindruck entsteht, als ob diese weiter vorn oder hinten wären und als ob es verschiedene Hunde wären.

➢ Abschließend den Film als **avi-Datei** mit Komprimierung speichern.

➢ Diese Datei können Sie anschließend durch Doppelklicken aus dem **Windows Explorer** ausführen oder in Ihren Webseiten einbauen und von dort per Hyperlink starten.

Die Symbolleiste Film:

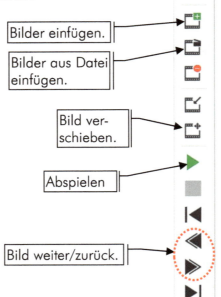

Bilder einfügen.

Bilder aus Datei einfügen.

Bild verschieben.

Abspielen

Bild weiter/zurück.

Leider kann im Photo-Paint keine Musik ergänzt werden.

18.1.1 Über die Komprimierung bei Videos

Zur Komprimierung: die meisten Kinofilme sind im **Cinepack**-Verfahren komprimiert. Für Computer sind jedoch bessere Komprimierungsraten erforderlich, weshalb hier meist in mpg2 oder mpg4 komprimiert wird.

avi: Windows Video Format, auch mit Komprimierung
mpg1: 320x240 Pixel (VideoCD-Standard)
mpg2: 720x576 Pixel (DVD- und TV-Standard)
mpg4: üblich 640x358, bis zu 1448x1086 möglich, stark verbesserte Komprimierung, aber nur auf Computern und neueren DVD-Geräten abspielbar.
HD: 1366x768
HDTV: 1920x1080 Punkte (FullHD).

Mpeg4 bietet eine noch höhere Komprimierung, der erste Standard **mpeg1** ermöglicht nur die halbe Auflösung (320x240 Pixel je Bild).

Für Apple Computer wurde das Programm **QuickTime** entwickelt, welches Filme im **mov**-Format speichert.

18.2 Mehr über Bildsprühdosen

Bildsprühdosen sind im Photo-Paint wirkungsvolle Instrumente, um Fotos zu verschönern oder eigene Hintergründe zu erstellen.

18.2.1 Eigene Bildsprühdose erstellen

Wenn Sie eine eigene Bildsprühdose erstellen wollen, sind in der Praxis einige Kleinigkeiten zu beachten. Im Detail:

♦ Die Bilder können ein- oder mehrspaltig angeordnet werden, doch die **Abstände** müssen immer gleich sein, da sonst ein Teil des nächsten Bildes miteingefügt wird.

Damit wir die Bilder im exakt gleichen Abstand einfügen können, werden wir im Photo-Paint das **Lineal** und das **Gitter** einschalten.

➢ Beginnen Sie ein **neues Foto** mit z.B. **120x20 mm** Größe.
  ✎ Für qualitative hochwertigere Bildsprühdosen könnten Sie natürlich auch größere Formate wählen.

➢ Mit **Ansicht/Lineale** und **-Gitter** sowohl das Lineal als auch das Gitter einschalten.
  ✎ Beim Gitter erscheint immer die Einheit, die beim Lineal eingestellt ist, z.B. **mm oder Pixel**. Ggf. rechte Maustaste auf dem Lineal, dann **Lineal einrichten** und gewünschte Einheit vorgeben.

  ✎ Jetzt können Sie den **Gitterabstand** auf 2 mm einstellen: rechte Maustaste auf dem Lineal/Gitter einrichten, dabei zuerst von „Gitterlinien pro Millimeter" auf „**Millimeter entfernt**" umschalten.

121

18.2.2 Problem Hilfslinien-Koordinaten im Photo-Paint

➢ Nochmal rechte Maustaste auf dem Lineal, diesmal „Hilfslinien einrichten" und **vertikale Hilfslinien** bei 20, 40, 60, 80 100 setzen.

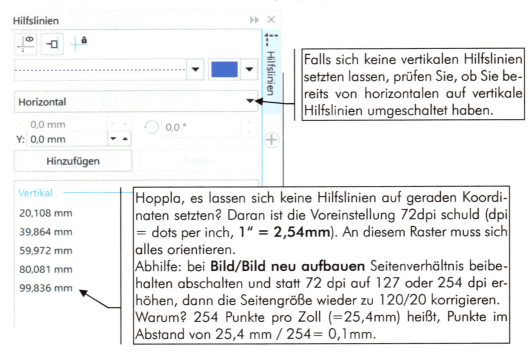

Falls sich keine vertikalen Hilfslinien setzten lassen, prüfen Sie, ob Sie bereits von horizontalen auf vertikale Hilfslinien umgeschaltet haben.

Hoppla, es lassen sich keine Hilfslinien auf geraden Koordinaten setzten? Daran ist die Voreinstellung 72dpi schuld (dpi = dots per inch, **1" = 2,54mm**). An diesem Raster muss sich alles orientieren.
Abhilfe: bei **Bild/Bild neu aufbauen** Seitenverhältnis beibehalten abschalten und statt 72 dpi auf 127 oder 254 dpi erhöhen, dann die Seitengröße wieder zu 120/20 korrigieren.
Warum? 254 Punkte pro Zoll (=25,4mm) heißt, Punkte im Abstand von 25,4 mm / 254= 0,1mm.

➢ Die Hilfslinien auf krummen Koordinaten löschen und neu setzten, diesmal bleiben die Koordinaten bei 20, 40 usw.

➢ Jetzt könnten Sie die gewünschten **Objekte** in die einzelnen Bereiche einfügen. Das können ClipArts, freigestellte Objekte oder eigene Zeichnungen sein. Zur Übung werden wir einfach Buchstaben verwenden.

In einer Bildsprühdose folgen mehrere **maskierte** Objekte, damit Photo-Paint mittels der maskierten Bereiche diese Bereiche erkennen kann.

➢ Da die Buchstaben nach dem Zusammenstellen Objekte sind, alle mit einem großen Auswahlrahmen markieren, dann mit **Maske/Erstellen/Maske aus Objekt** eine Maske erstellen.

➢ Jetzt können Sie diese selbsterstellte Bildsprühdose in Ihrem Übungsordner als Photo-Paint cpt-Datei **speichern**.

....

....

....

....

18.2.3 Bildsprühdose laden

➢ Öffnen Sie ein beliebiges neues Bild. Dann bei dem Pinsel das Werkzeug **Bildsprühdose** wählen und die neue Bildsprühdose **laden**.

Bildsprühdose wählen.

Bildsprühdose laden.

➢ Ihre Bildsprühdose finden Sie in Ihrem Übungsordner, wenn Sie diese zuvor dort gespeichert hatten.

Wenn Sie eine selbsterstellte Bildsprühdose laden, möchte Photo-Paint wissen, wie viele Bilder in jeder Zeile vorhanden sind. Da immer der letzte Wert voreingestellt ist, müssen Sie die richtige Anzahl der Bilder eintragen:

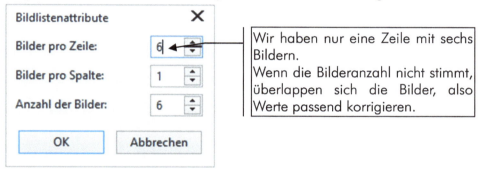

Wir haben nur eine Zeile mit sechs Bildern.
Wenn die Bilderanzahl nicht stimmt, überlappen sich die Bilder, also Werte passend korrigieren.

Nützlich ist noch die Einstellung des **Tupferabstandes**, welcher den Abstand der einzelnen Bilder bestimmt, sofern Sie diese nicht mit Einzelklicks setzten:

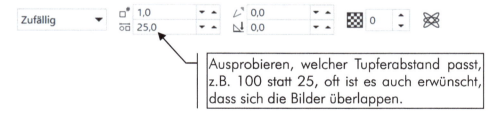

Ausprobieren, welcher Tupferabstand passt, z.B. 100 statt 25, oft ist es auch erwünscht, dass sich die Bilder überlappen.

Reihenfolge ändern:

Mit diesem Symbol können Sie die Reihenfolge der Bilder ändern oder einige Bilder nachträglich herausnehmen (s. nächste Seite).

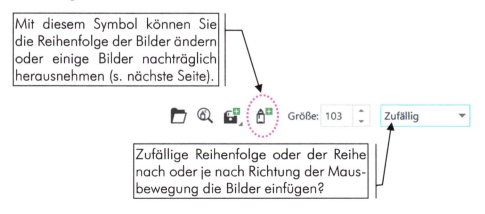

Zufällige Reihenfolge oder der Reihe nach oder je nach Richtung der Mausbewegung die Bilder einfügen?

123

Dieses Menü erscheint, indem auch die von Corel beigegebenen Bildsprühlisten modifiziert werden können:

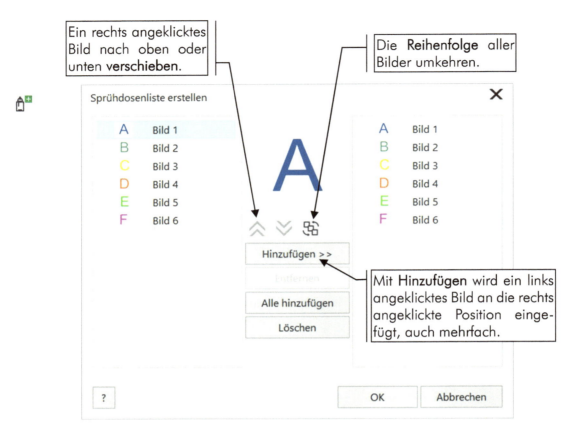

Ein rechts angeklicktes Bild nach oben oder unten **verschieben**.

Die **Reihenfolge** aller Bilder umkehren.

Mit **Hinzufügen** wird ein links angeklicktes Bild an die rechts angeklickte Position eingefügt, auch mehrfach.

Wenn Sie sich über übliche Dateigrößen für Bildsprüher oder die Anordnung informieren wollen, können Sie **existierende Bildsprühdosen** als Foto in Photo-Paint öffnen.

Natürlich können Sie eine Bildsprühdose auch kopieren, dann die Bilder durch eigene ersetzen und so eine neue Bildsprühdose erstellen.

Rechts: der gerade erstellte Buchstaben-Sprüher wurde verwendet, um einen Hintergrund selbst zu erstellen:

18.3 Noch mehr Füllungen

18.3.1 Füllungen finden

Im **Internet** können Sie in einer Suchmaschine, z.B. yahoo.de, google oder msn.de usw. auch nach „**Füllmuster**" oder „**filling pattern**" suchen, eine enorme Auswahl wird angezeigt, wenn Sie zur Bildersuche umschalten.

18.3.2 Füllungen selbst erstellen

- ♦ Sie können aber auch jedes Foto, bzw. jeden beliebigen Ausschnitt aus einem Foto, als **neue Füllung** abspeichern.
  - ✎ Und da an einem kleinen Ausschnitt niemand ein Copyright besitzt, können Sie sich hierfür in der Regel sogar bei den Fotos im Internet bedienen.

- ♦ Da die Füllung gekachelt wird, empfiehlt es sich, ein Bild vorher zu verkleinern (Bild/Bild neu aufbauen) oder nur einen quadratischen **Teilbereich** als Füllung abzuspeichern:
  - ✎ mit Rechteckmaske auswählen, kopieren, dann Datei/Neu aus Zwischenablage, dort mit dem Hintergrund zusammenführen und speichern.
  - ✎ Als **Dateiformat** können Sie zwecks guter Komprimierung jpg verwenden.

- ♦ Auch mit der **Bildsprühdose** oder kombiniert mit einem Corel-Füllmuster können Sie sich **neue, eigene Füllmuster** erstellen oder indem ein zweites Bild transparent über ein anderes gelegt wird.

18.3.3 Füllungen laden

Es gibt noch mehr Füllmuster. Zum Laden den **Fülleimer** wählen, hier am Beispiel aus Photo-Paint.

- ➢ Da diese Füllmuster Pixelbilder sind, können Sie bei den **Bitmap-Füllungen** bei **Füllungen bearbeiten** weitere Füllungen **laden**.

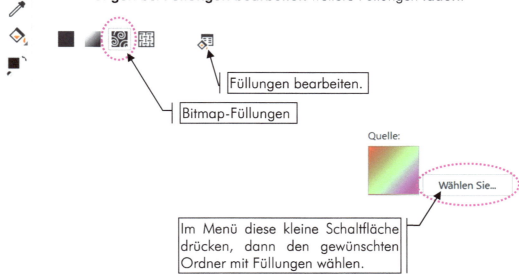

Füllungen bearbeiten.

Bitmap-Füllungen

Quelle:

Wählen Sie...

Im Menü diese kleine Schaltfläche drücken, dann den gewünschten Ordner mit Füllungen wählen.

125

18.3.4 Rahmen

Früher waren im Connect zahlreiche Rahmen verstreut in diversen Kategorien unter der **Inhalte-Zentrale** zu finden, etwa bei **Bilderrahmen** ganz unten bei „Interaktive Rahmen" oder bei den **ClipArts**: Blumige Rahmen, Rahmen…, Ränder Rahmen, Schmutzige Rahmen, Weitere Rahmen.

Bei der 2019er Version leider nicht mehr, aber kein Problem, einfach im Internet nach Rahmen, borders oder frames suchen, gewünschten Rahmen herunterladen und im Bild nach hinten setzen.

18.4 Ein Wasserzeichen

Wenn Sie Bilder im Internet veröffentlichen, kann jeder sich diese Bilder herunterladen. Darum ist der Versuch entstanden, als zusätzlichen Copyright-Schutz Bilder mit einem Wasserzeichen zu versehen, das nicht gelöscht werden kann, ohne das Bild zu zerstören.

Eine andere Methode ist es, im Internet nur Bilder mit geringer Auflösung zu verwenden, die gerade zum Ausdruck auf einem privaten Tintenstrahldrucker ausreichen, und die Bilder in guter Qualität zum Verkauf anzubieten.

Wasserzeichen selbst erstellen:

Ganz unproblematisch können Sie Wasserzeichen selbst erstellen, indem Sie Ihren Namen über das Bild schreiben und den **Text in eine Maske umwandeln** (Maske/Aus Objekt erstellen). Dann können Sie den Text löschen, die Maske in Textform bleibt erhalten, so dass an diesem Bereich das Bild z.B. heller eingestellt werden kann.

Das könnten natürlich versierte Anwender weitgehend rückgängig machen, indem diese den Text erneut schreiben, in eine Maske umwandeln und die Helligkeit durch Ausprobieren auf den anfänglichen Wert zurücksetzen. Bis jedoch eine gleiche Schrift gefunden und alles eingerichtet ist, wäre dies ein enormer Aufwand und bei einer seltenen Schrift fast unmöglich.

Praktisch unmöglich wird dies jedoch, wenn Sie statt einfach zu erhellen Effekte wie eine Farbänderung per **Solarisation** oder den 3D-Effekt **der Boss** anwenden, die das Bild physikalisch verändern oder sogar mehrere Effekte kombinieren.

Um wirklich jede Löschversuche eines Wasserzeichens zu verhindern, könnten Sie bei **Digimarc** (www.digimarc.com) ein Wasserzeichen beantragen, in dem die Copyright-Daten dem Bild durch ein bestimmtes Rauschmuster hinterlegt werden. Ein Vorteil ist, dass solche Wasserzeichen nicht erkennbar sind, ein Nachteil, dass Ihnen dieses Copyright nicht viel nützt, wenn das Bild irgendwo auf der Welt abgedruckt wird und Sie nichts davon erfahren.

18.5 PhotoCocktail

Diese neue Funktion finden Sie im CorelDraw ganz unten im **Effekte-Menü**, leider aber nicht bei der **Home & Student** Ausgabe.

> ➤ Oben bei Bibliothek mittels der Schaltfläche Durchsuchen einen Ordner mit vielen Fotos wählen, ein Objekt, z.B. ein Rechteck markieren und dann Zuweisen drücken, dieses Objekt wird dann mit den Fotos gefüllt:

Beachten Sie die **Einstellmöglichkeiten** im Andockfenster, z.B. die Spaltenanzahl oder Zusammensetzungsmethode.

18.6 Pointilizer

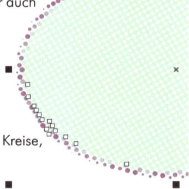

Auch diesen neuen Effekt „**Punktemacher**" finden Sie im CorelDraw ganz unten im Effekte-Menü, leider aber auch nicht bei der Home & Student Ausgabe.

Ein beliebiges Objekt kann hiermit „gepunktet" werden, wobei aber auch andere Formen wählbar sind, hier wurde eine grün gefüllte Ellipse mit lila Linie damit behandelt:

Bei Skalieren können Sie die Form verkleinern oder vergrößern, bei letzterem überlappen sich dann die Kreise, so dass die Lücken immer kleiner werden.

18.7 Bitmap vergrößern

Dieser Effekt im CorelDRAW-Menü Bitmaps **vergrößert Fotos**, allerdings wird nur die Anzahl der Pixel erhöht, d.h. mehr entsprechend kleinere Pixel, die Dateigröße nimmt dementsprechend zu, es erfolgt jedoch keine intelligente Optimierung des Fotos, so dass die Qualität nicht zunimmt.

Sie können dies ausprobieren, indem Sie ein Foto laden, z.B. um 200 oder 400% vergrößern, dann mit Zoom einen Bereich vergrößern und mit Rückgängig / Wiederherstellen im Wechsel versuchen, eine Qualitätsverbesserung zu erkennen.

19. Zum Schluss

In diesem Kapitel wird noch einmal auf zwei Möglichkeiten hingewiesen, wie Sie Objekte präzise verändern und die Voreinstellungen ändern können.

19.1 Voreinstellungen ändern

Egal, ob Sie die Voreinstellung für Text oder etwa für die Füllung ändern wollen, das Prinzip ist immer gleich:

Standardwerte für Dokument ändern

ⓘ Sie sind im Begriff, die Standardeig ändern, die im aktuellen Dokumen

Aktivieren Sie die Kontrollkästcher Objektstandardeigenschaften, die

☐ Künstlerische Medien
☐ Grafiktext
☐ Beschriftung
☐ Bemaßung
☑ Grafik
☐ Mengentext

- ◆ Wenn im CorelDRAW **kein Objekt markiert** ist und Sie etwas ändern (Schriftgröße, Füllung…), geht Corel davon aus, dass Sie die Voreinstellungen ändern wollen.
  - ✎ Ein Fenster erscheint, in dem Sie dies bestätigen sollen und auswählen können, für welche Elemente diese Änderung gelten soll.

Voreinstellung für diese Grafik oder für alle neuen Grafiken ändern:

- ◆ Mit **OK** gelten die neuen Einstellungen nur für die aktuelle Grafik.
- ◆ Mit **Extras/Einstellungen als Standard speichern** können Sie alle Einstellungen der aktuellen Grafik als Voreinstellung speichern,
  - ✎ Ggf. eine neue Zeichnung beginnen, nur ändern, was als neue Voreinstellung gespeichert werden soll und dann mit vorigem Befehl als Voreinstellung für alle weiteren Grafiken speichern.

Hier noch ein Hinweis für versierte Anwender:

Corel-Vorlagen können Sie verwenden, indem Sie neue Zeichnungen mit **Datei/Neu aus Vorlage** beginnen.

- ◆ Sie könnten Sie sich **mehrere Vorlagen** selbst erstellen, z.B. eine für Visitenkarten und eine andere für DIN A2-Plakate, indem Sie diese
  - ✎ mit **Datei/Als Vorlage speichern** in dem Corel-Ordner für Vorlagen: Dokumente\Corel\Corel Content\Templates speichern.
  - ✎ Wenn Sie den Ordner nicht finden, suchen Sie im **Windows Explorer** auf der Festplatte C nach ***.cdrt** – * für beliebige Dateinamen mit der Dateiendung cdrt für CorelDraw-Vorlagen.

19.2 Die Optionen

◆ Bei **Extras/Optionen/CorelDraw** können Sie Corel einstellen, z.B.

   ✎ ob die **automatische Speicherung** alle 20 Minuten gewünscht ist und eine Sicherungskopie erstellt werden soll (Speichern),

   ✎ ob der **Begrüßungsbildschirm** beim Start erscheinen soll (Allgemein) oder

   ✎ ob die **Rechtschreibprüfung** automatisch durchgeführt werden soll (Text).

Symbolleisten anpassen:

◆ **Extras/Optionen/Anpassung** dient dazu, Symbolleisten oder Befehle einzustellen.

   ✎ Hier können auch Shortcuts für Befehle vergeben und es könnte sogar die Anordnung der Befehle geändert werden.

19.3 Neue Symbole oder Shortcuts vergeben

➢ Schalten Sie zu **Anpassung**, dann mit + die Unterpunkte aufklappen.

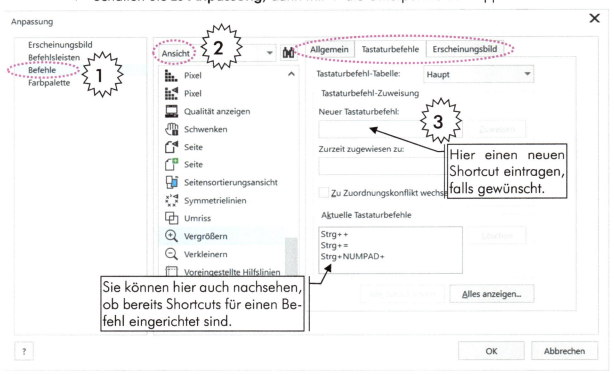

◆ Bei **Befehlsleisten** können Sie **Symbolleisten** einschalten oder die Größe der Symbole ändern.

◆ Bei der nächsten Option **Befehle** sind drei Karteikarten für diese Funktionen vorhanden:

   ✎ **Allgemein**: Informationen zum gewählten Befehl,

   ✎ **Tastaturbefehle**: hier können Sie für einen links gewählten Befehl eine Tastaturabkürzung vergeben.

   ✎ **Erscheinungsbild**: selbst das Aussehen eines Symbols kann verändert werden.

130

19.3.1 Tastaturabkürzungen

Die Anwendung ist leider nicht sofort durchsichtig. Vorgehen:

♦ zunächst links **Befehle** wählen, dann in der Mitte oben eine **Kategorie**, z.B. Datei, Bearbeiten oder Objekt usw.

↳ Die verfügbaren **Einstellmöglichkeiten** werden ganz rechts angezeigt. Sie können einen neuen Shortcut vergeben oder das zugehörige Symbolbild umzeichnen.

In der Regel lohnt es sich, **Tastaturabkürzungen** für häufig benutzte Befehle zu vergeben. Wenn Sie jedoch Symbole allzu sehr umstellen oder neue ergänzen, haben Sie auf anderen CorelDRAW-Arbeitsplätzen Probleme.

19.3.2 Symbole ändern

Solange das Anpassen-Menü geöffnet ist, können Sie mit der Maus

♦ Symbole in der Symbolleiste **verschieben** oder Symbole **löschen**: einfach aus der Symbolleiste wegziehen.

↳ Wenn Sie ein Symbol auf eine **existierende Symbolleiste** ziehen, wird dieses in die Symbolleiste eingepasst,

↳ wenn Sie dagegen ein Symbol an einer anderen Stelle loslassen, wird eine **neue Symbolleiste** geöffnet, der Sie entweder weitere Symbole hinzufügen oder diese bei dem ersten Punkt „**Befehlsleisten**" wieder löschen könnten.

19.4 Farben kalibrieren

Sie sollten wissen, dass alle **Geräte** (z.B. Bildschirm, Drucker, Scanner ...) die Farben etwas anders darstellen, so dass der Ausdruck oft anders ausfällt, als am Bildschirm angezeigt wird.

Eine gewisse Skepsis gegen die Farbanzeige ist daher zu empfehlen, vor allem bevor Sie die Farben eines Fotos korrigieren wollen.

Die Farbverwaltung ist nun so eingerichtet, dass für normale Anwender alles automatisch erfolgt, während professionelle Anwender vielfältige Korrekturmöglichkeiten haben.

♦ Bei **Extras/Farbverwaltung** können Sie die voreingestellte Farbverwaltung einsehen oder andere **Farbprofile** zuweisen.

↳ **Standard**: gelten auch für alle zukünftigen Zeichnungen, hiermit ändern Sie also die generelle Voreinstellung,

↳ **Dokument**: nur für die aktuelle Zeichnung.

↳ Beachten Sie die separaten Einstellmöglichkeiten für den Ausdruck (CMYK) oder die Anzeige am Bildschirm (RGB).

↳ Mit **Fenster/Andockfenster/Farbprüfung** können verschiedene Farbeinstellungen, z.B. das Zuweisen eines anderen Farbprofils am Bildschirm begutachtet werden.

131

19.5 In die Cloud speichern

Bei der Vollversion können Sie hier in eine Corel Cloud speichern und könnten Kollegen auf der ganzen Welt z.B. per Email die Zugangsdaten mitteilen, um gemeinsam diese Grafiken bearbeiten zu können oder um von verschiedenen Rechnern auf diese zuzugreifen, z.B. von einem Rechner in der Arbeit und einem zuhause.

19.6 Wesentliche Neuerungen der Versionen

Hier ein kurzer historischer Rückblick, bei dem nur die wesentlichsten Änderungen angeführt werden.

- ab CorelDRAW 7 (ca. 1997): **Transparenz**-Effekte;
- ab CorelDRAW 9: **hinterlegte Schatten** wie in Adobe Illustrator;
- ab CorelDRAW 10:
  - ↳ **AutoFormen** wie in MS Office (Sterne, Pfeile …) und
  - ↳ Umwandlung in **HTML**, pdf;
  - ↳ Design-Umstellung: immer mehr zu **Fenster/Andockfenster**, Grafikeffekte aus Photo-Paint im Draw.
- Ab CorelDRAW X5 wurde **Connect** eingeführt, in dem ClipArts und Fotos betrachtet und ausgewählt werden können.
- CorelDRAW X6: im Connect können zahlreiche ClipArts und Fotos online betrachtet und ausgewählt werden.
  - ↳ Eine **Mitgliedschaft** bei Corel ist erforderlich, die Standardmitgliedschaft ist kostenlos, doch können die meisten Fotos nur mit Corel-Logo heruntergeladen werden.
  - ↳ Ohne Mitgliedschaft können auch keine Updates heruntergeladen werden.
- CorelDRAW X7:
  - ↳ es kann eine **Voreinstellung** gewählt werden (Lite, Klassisch, Erweitert oder wie Adobe Illustrator). Je nach Auswahl werden andere Symbole und Befehle angezeigt.
  - ↳ Mehr und schönere voreingestellte **Farbverläufe** und Füllungen.
  - ↳ **QR-Codes** können erstellt werden (Bearbeiten/QR-Code einfügen, dann bei URL die gewünschte Webseite eintragen und Validieren).
- CorelDRAW X8/2017 sowie **2018/2019**: einen Vergleich sowie eine Liste der Neuerungen bei CorelDraw 2019 finden Sie auf der Corel Webseite. Neben vielen neuen Funktionen für fortgeschrittene Anwender finden sich zeitgemäße Anpassungen wie z.B. die Verwendung auf Touchscreens oder die Möglichkeit, nicht nur Barcodes, sondern auch die neueren QR-Codes einzufügen.

Eine umfangreiche Zusammenstellung der Versionsunterschiede finden Sie im Internet bei www.corel.de. Auch beim Willkommensbildschirm finden Sie bei „Was ist neu" eine Auflistung, allerdings finden wir, dass die meisten hier aufgelisteten Punkte auch schon bei früheren Versionen vorhanden waren.

20. Stichwortverzeichnis

[

[Strg] 15, 20, 24, 28, 73
[Umschalt] 15, 18, 24, 55

A

Absatz 9, 62
Adobe Acrobat...........................89
Adobe Illustrator...................51, 88
Anordnung 22
Ansicht-Manager 33
Aufhellen 41
Aufrauhen 106
Aufzählung 43
Auge 17
Ausgabemedium 9
Ausrichten 16
Ausschneidemarkierung 74
AutoForm 25
Automatisch Schließen 15

B

Belichtungsstudio 87
Bildsprühdose 121–24
Bitmap vergrößern...................127
Bitmap-Farbmaske 116
Blickfangpunkt 43
Blitzkorrektur.........................25
Blocksatz, erzwungener 48
Briefmarke 74

C

CDT-Vorlage 39, 53
Cinepack..........................121
ClipArt umzeichnen 45, 48
Corel
   - PaintShop 114
Corporate Identity 46

D

Datei
   -für Ausgabe sammeln.............87
Datei-Austausch 51, 52, 87
Datensicherung 7

D (zweite Spalte)

Densitometerskala 84
Design........................8, 10
Digimarc 126
Digitaldruck 78
Digitalkamera 114
Dokument-Info 88
Drehen 31
Druck
   -Dateitransport 52, 87
   -Einstellungen 81–85
   -Methoden.......................77–79
   -Reihenfolge.......................90
Duplikat........................73

E

Ebene.........................34
Eckenrundung 23
Effekte 7, 101–10
   -Extrudieren 106–10
   -Linse 41
   -Transparenz.................23, 40, 56
Eigenschaften kopieren 109
Einzelteil 33
Entwürfe 10
Exportieren.......................51, 88

F

Farbauszug 78
Farbe
   -Farbgestaltung 9
   -Farbpalette 46
   -Farbprofil..........................131
   -Farbübergang 57
   -Farbwechsel.......................47
Farbmaske..................49, 114, 116
Farbverlaufsfüllung
   -anpassen 30
   -radial 18
   -rund 56
Figur zeichnen 14
Film.............................119
Form 14–17, 25
Formatvorlagen ....*Siehe* Stile
Foto
   -als Hintergrund 69

-einfügen 70
-Foto-CD 114
-freistellen 49, 115
-radieren 49
-Ränder wegschneiden 71
-suchen 68
Füllung 14, 125

G

Gitter 20, 32, 121
google 68
Großbuchstaben 25, 46
Gruppieren 15, 27
-Einzelteile 33
-Element wählen 28

H

Helligkeit 41
Hilfslinie
-ausrichten 21
-drehen 31
Hilfslinien 122
Hintergrund
-aufteilen 21
-Hintergrundbild 69
Hinterlegter Schatten 32
Hotspot 95
Hyperlink 95

I

In Kurven konv. 29, 45, 48, 56
Info 88
Interaktive
-Extrusion 107
-Transparenz 23, 40, 56
Internet 91–98, 114

J

JPG-Datei 51, 91

K

Kapitälchen 46
Kerning 50
Knockout 114
Knotenwerkzeug .... Siehe Form
Kombinieren 27
Konstruieren 55
Kopfzeile 54
Kopieren
-bestimmte Eigenschaften 109
-mehrfach 73
-vergrößern und kopieren 18
Kreis 15
Kurve .... Siehe Form-Werkzeug

L

Lesezeichen 96
Lineal 121
Linie
-formatieren 25
-fortsetzen 14
Linotype 88
Linse 41

M

Malen 7
Markierungsrahmen 15
Maske 8, 113, 115
Mengentext
-drehen 72
-fortsetzen 61
-umbruch 71
Messer 106
MPEG 121
msn 68
Mund 15

N

Nach hinten setzen 23

O

Objekt 7, 48, 116
-ändern 32, 55
-füllen 16
-Objekt-Manager 34
Objektstile 63
Optionen 130
Ordner 7

P

Pantone 46
PDF-Datei 88
Perspektive 28
Pfeil 22, 25
PhotoCocktail 127
Pixel 113
PNG-Datei 91
Pointilizer 127
Postscript 81, 88
PowerClip 101
PPD verwenden 81

Q

Quadrat 15
QuickTime 121

R

Radieren 106
Rahmen 38
Rasterweite 20

LINDEMANN GROUP © DIPL.-ING. (FH) PETER SCHIEßL

Registermarkierungen 84
Reihenfolge 22
Rollover................................97

S

Satzstudio 52
Scannen 52, 114
Schatten 32
Schneidemarkierungen 84
Schnittmenge 41
Schrift
    -auswahl 9
    -einbetten 88
    -installieren 24
Seitensortierung 90
Service-Büro 87
Shortcuts vergeben 130
Silbentrennung 65
Sonderzeichen 22, 24
Spiegelung 19
Stern 25
Stile 62–65, 63
Suchen im Internet......................68
Symbole 24, 130
Symbolleiste
    -Film 120

T

Tastaturbefehl 130
Text
    -Aufzählung 43
    -Blitzkorrektur.....................25
    -Blocksatz 48
    -bündig ausrichten 54
    -drehen 31, 73, 116
    -hängender Einzug 44
    -Hülle.............................110
    -in Kurven konv. 48, 51
    -Mengen- und Grafiktext............37
    -mit Rahmen 23
    -mit Stilen formatieren..............62
    -Schatten 32
    -Textbereich aufhellen 40
    -umwandeln 43
    -Unterschneidung...................50
    -zuschneiden....................47, 51
Textfluss................................71
TIF-Datei 51
Transparenz 23, 40, 57

U

Überblenden...........................102
Überblendung..........................117
Überdrucken...........................83

Übung
    -Auge.............................17
    -Film..............................119
    -Firmenlogo........................45
    -Foto und Text 68
    -Hochhaus.........................28
    -Mengentext........................61
    -Plakat.........................38, 117
    -Produktaufkleber 13
    -Propellor.........................55
    -Stile 63
    -U-Bahn-Tunnel 29
    -Webseite..........................93
Umriss 14, 16
Unterschneidung 50
Upload 92
URL.....................................95

V

Vektorgrafiken 13, 51
Verändern.............................55
Vergrößern............................33
Vergrößerungslupe 42
Verknüpfung...........................96
Versatz Grundlinie 44
Verschmelzen 40
Verwischen............................106
Violine.................................48
Virtuelles Segment 106
Voreinstellung 39, 129
Vorkenntnisse 7
Vorlage..........................10, 129
    -eigene 53
    -Web 93
Vorne/hinten 22

W

Wasserzeichen.....................69, 126
Web 91, 92
WingDings.........................22, 24
WMF-Datei 17, 51

Y

yahoo.................................68

Z

Zeichenabstand..........................65
Zeichnen 7
Zentrieren 16
Zielgruppe 8
Zoom 33
Zuschneiden 40, 47, 51

LINDEMANN GROUP © DIPL.-ING. (FH) PETER SCHIEßL